누가 내 머릿속에 브랜드를 넣었지?

누가 내 머릿속에 브랜드를 넣었지?

초판 1쇄 펴냄 2013년 6월 27일
　　　20쇄 펴냄 2023년 11월 20일

지은이 박지혜

펴낸이 고영은 박미숙
펴낸곳 뜨인돌출판(주) ┃ 출판등록 1994.10.11.(제406-251002011000185호)
주소 10881 경기도 파주시 회동길 337-9
홈페이지 www.ddstone.com ┃ 블로그 blog.naver.com/ddstone1994
페이스북 www.facebook.com/ddstone1994
대표전화 02-337-5252 ┃ 팩스 031-947-5868

ISBN 978-89-5807-438-0 03300

누가 내 머릿속에 브랜드를 넣었지?

청소년이 알아야 할 소비의 진실

박지혜 지음

뜨인돌

최신 스마트폰이 없어서, OO점퍼를 입지 않아서… 이렇게 무엇무 엇이 없어서 친구들 사이에서 소외된다는 얘기가 심심치 않게 들립 니다. 10대들의 왜곡된 소비문화가 사회문제가 되어 가는 걸 보면 참 많이 안타깝습니다. 사실 10대들이 중요하게 생각하는 브랜드나 제품들은 마케터에 의해서 임의적으로 만들어진, 실존하지 않는 허 상인 경우가 많기 때문입니다. 저 또한 교수이기 이전에 10대 자녀 를 둔 엄마이기 때문에 10대들의 소비 문제는 제 문제이기도 합니 다. 어른들이 만들어 놓은 브랜드와 제품 때문에 아파하는 10대들을 위해서라도 올바른 정보를 제공해야겠다는 마음이 들었습니다.

저는 이 책에서 소비를 둘러싼 마케팅의 원리에 대해 알려 주고, 잘못된 소비 인식을 바로잡을 수 있는 방법을 함께 고민해 보고자 합니다. 여러분이 소비의 주권을 가지고 보다 합리적인 판단을 내릴 수 있도록 돕고 싶습니다.

또한 이 책을 통해 기업, 소비자, 그리고 이 둘의 관계에 대해 다 시 생각해 보고자 합니다. 우리나라는 재벌기업 또는 대기업을 중심 으로 시장이 형성되다 보니 그동안은 대기업은 강자, 소비자는 약자 라는 생각을 많이 해 왔습니다. 그러나 최근에는 기업보다 소비자의 힘이 강해지고 있습니다. 소비자의 제품 평가나 입소문이 기업의 평판에 지대한 영향을 미치고 제품의 성공과 실패를 결정하기 때문입니다. 때로는 그 힘을 남용하여 기업에게 무리한 요구를 하는 경우도 많습니다. 기업과 소비자 간 힘의 균형과 조화가 있어야 건강한 소비문화를 형성할 수 있습니다. 미래 기업을 이끌어 갈 주역이자, 중요한 소비자인 지금의 10대 여러분들이 기업과 소비자의 역할, 관계에 대해 고민해 볼 기회를 가졌으면 좋겠습니다.

이 책을 통해 얻게 되는 마케팅 지식은 소비 활동에만 유용한 것이 아닙니다. 여러분이 고민하고 있는 대학입시와도 밀접하게 연결되어 있습니다. 마케팅과 대학 입시라니, 너무 생뚱 맞나요?

요즘 대학들은 수능시험에 의지하기보다는 다양한 방법으로 창의적인 인재를 뽑고자 합니다. 그런데 면접을 하다 보면 공장에 온 것 같은 느낌에 실망을 금치 못하게 됩니다. "왜 우리 학교에 지원하였나요?"라는 질문에 지원자들의 대답은 놀라울 정도로 천편일률적입니다. 한국외대 글로벌경영대학에 지원한 이유가 글쎄 반기문 사무총장님처럼 되고 싶기 때문이라나요. 스티브 잡스나 빌 게이츠 같은 글로벌 경영인이 되고 싶기 때문이라고 말하기도 합니다. 그러나 그런 이유라면 잘못 지원했다고 말해 주고 싶습니다. 반기문 총장님과 한국외대와는 아무 관련이 없기 때문이지요. 스티브 잡스나 빌 게이츠가 되고 싶다면 굳이 한국외대가 아니더라도, 다른 대학의 경영학과를 나와도 충분히 가능한 일입니다. 왜 한국외대 글로벌경영대학은 이 학생을 뽑아야 할까요?

마케팅의 원리를 이해하면, 나 자신을 대학 입시에서 어떻게 마케팅 해야 하는지 알 수 있습니다. 나 자신을 제품으로, 소비자를 대학으로 놓고 생각해 보세요. 대학에게 나를 성공적으로 마케팅 하기 위해서는, 내가 다른 제품보다 어떤 좋은 기능이 있는지 아주 짧은 시간에 잘 알려 주고 설득해야 합니다. 그래야 소비자가 다른 제품을 선택하지 않고 나를 선택하겠지요. 그러기 위해서는 소비자가 원하는 것이 무엇인지 먼저 파악해야 합니다. 외대는 예비 외대생이 어떤 것을 갖추기 원하는지, 경영학과에서는 어떤 학생을 원하는지 말입니다. 대학마다, 학과마다 원하는 인재상이 다르니까요. 이 책이 여러분의 입시에 조금이라도 일조하면 좋겠습니다.

이 책의 구성에 대해 잠깐 설명하자면, 먼저 1장에서는 마케팅에 대한 기본적인 개념을 소개합니다. 2장부터 5장까지는 실제 기업이 마케팅 전략을 어떠한 방식으로 계획하고 실행하는지에 대해 단계별로 알아보고자 합니다. 마케팅 전략을 구성하고 있는 브랜드, 제품, 가격, 광고에 대해 살펴보고, 우리가 소비자로서 주의해야 할 점은 무엇인지, 기업은 어떤 점을 잊고 있는지 짚어 보려 합니다. 마지막으로 6장과 7장에서는 현명하고 합리적인 소비를 위해 함께 고민해 볼 것들에 대해 나누고자 합니다. 자 그럼, 본격적인 얘기로 들어가 볼까요?

목차

CHAPTER 1

마케팅과 소비

"

마케팅은 단순히 광고나 판매 활동을 의미하지 않는다. 사람들이 무엇을 원하는지, 어떤 것이 필요하다고 느끼는지, 어떤 것에 감동하는지, 지금 사용하는 제품이나 서비스에 어떤 불만을 갖고 있는지 고민하는 것에서부터 시작한다. 한마디로 마케팅이란, 사람을 이해하고 그들의 마음을 헤아려 제품에 반영하고 소통하는 작업이다.

기업은 오늘도 소비자의 마음을 알기 위해 연구한다. 그렇다면 소비자도 기업의 마음을 알아야 하지 않을까? 기업이 어떤 생각과 어떤 방법으로 소비자에게 다가가는지 아는 것, 주체적 소비는 거기에서부터 출발한다.

"

기업과 소비자는
목하 열애 중

"명품의 본질이 희소성이다? 맞는 말입니다… 만 우리나라 여성들은 그딴 거에 관심 없습니다. 명품의 가치가 희소성이라면 우리 아르테미스는 명품이 아니죠. 대학생이고 애엄마고 할머니고 너도나도 아르테미스인데 그게 무슨 명품입니까, 그냥 비싼 가방이고 사치품이지. 내가 말하는 차별화라는 건 오로지 가격, 가격이에요. 남들보다 더 비싼 가방, 더 비싼 구두, 더 비싼 브랜드. 그래서 남들보다 더 잘나 보이고, 더 성공한 듯이 차별화되어야 직성이 풀리는 그런 한심한 족속들입니다, 우리나라 여자들이란! 그러니 자기 월급 몇 배 되는 가방을 사고, 빚내서 사고, 투잡, 쓰리잡 해서 사고, 남자 등쳐서 뜯어내서 사고! 하지만, 바로 이런 여성분들이 지금의 우리 아르테미스를 만든 겁니다. 그러니 아르테미스 지사장 여러분, 가격을 더 올리세요, 끝! 임! 없! 이!"

"하지만 지금도 가격이 너무 높다는 클레임이 아주 많은데요."

"걱정 마세요. 어차피 우리가 파는 건 명품이 아니니까. 우리가 파는 건 공포입니다. 값이 오르면 오를수록, 아르테미스 가방이 없는 나만 후진 것 같고, 나만 못나가는 것 같고, 나만 뒤처지는 것 같은 바로 그 공포 말입니다. 아르테미스는 오늘보다 내일이 더 비싼 브랜드여야 합니다."

드라마 〈청담동 앨리스〉의 한 대목입니다. 조금은 과장됐을 수 있지만, 이 대사는 중요한 걸 보여 줍니다. 기업이 고객의 마음을 너무나 훤히, 아주 적나라하게 꿰뚫어 보고 있다는 것이지요. 그들은 고객이 어떤 제품을 원하는지, 어떤 마음으로 제품을 구매하는지, 어떻게 해야 더 많이 구매하는지 잘 압니다. 그만큼 소비자의 마음을 연구하거든요. 팔! 아! 야! 하! 니! 까! 기업은 소비자의 마음을 따라 움직일 수밖에 없습니다. 소비자의 마음이 콩밭에 가 있다면 콩을 만들어 내야 하고, 으스대고 싶어 하면 으스댈 만한 아주 비싼 제품을 만들어 내야 합니다.

잠깐 질문을 하나 해 볼게요.
내일은 여자 친구의 생일입니다. 어떤 선물을 준비해야 할까요?

1번 내가 주고 싶은 선물
2번 내가 갖고 싶었던 선물

3번 내가 줄 수 있는 선물
4번 여자 친구가 평소에 갖고 싶어 하던 선물
5번 여자 친구가 좋아할 것 같은 선물

정답은… 4번입니다.

그렇다면 최악의 선물은 몇 번일까요?

네, 1번입니다.

　선물에는 주는 사람과 받는 사람의 관계를 특별하게 만드는 힘이 있습니다. 받는 사람이 기뻐하고 오래 기억할 수 있는 것일수록 그 힘은 더 커지지요. 받아서 기쁘지 않은 선물이라면 그 효과는 기대하기 어렵습니다. 여러분이 남자라 가정하고, 여자 친구 생일에 자신이 좋아하는 야구팀의 모자를 선물하면서 이렇게 말한다고 생각해 보세요. "내가 좋아하는 것들을 너와 공유하고 싶어." 그녀는 웃고 있어도 웃는 게 아닐 수 있습니다. 자신이 갖고 싶은 건 따로 있거든요. 그녀는 자기 마음을 몰라 주는 남자 친구에게 내심 실망할 것이고, 서운한 마음을 갖겠지요. 이런 일이 반복되면 그 관계가 계속 유지될 수 있을까요?
　반면에 여자 친구가 평소에 갖고 싶어 하던 걸 선물했다고 합시다. 아마 좋아하는 아이돌을 만난 것처럼 펄쩍펄쩍 뛰며 기뻐할 것이고 자기 마음을 알아준 것이 고마워 마음을 답례로 주겠지요.

사랑하는 사람을 얻고 싶다면 그가 또는 그녀가 갖고 싶어 하는 걸 알아내어 공략해야 합니다. 절대! 내가 주고 싶은 것을 주는 바보짓은 하지 말아야 해요.

그런데 여기서 선물이며 연애 얘기가 왜 나오냐고요? 우리의 소비생활이 남녀 간의 사랑과 같기 때문입니다. 기업을 남자라고, 소비자를 여자라고 가정해 보세요. (실제, 소비의 80퍼센트 이상이 여성 소비자들에 의해서 이루어집니다.) 기업^{남자}은 소비자^{여자}가 원하는 제품을 만들까요, 아니면 기업^{남자} 자신이 원하는 제품을 만들까요?

물론 소비자^{여자}가 원하는 제품입니다. 기업은 많고 많은 기업 중에서 자신이 선택받기 위해 철저하게 소비자 편에서 소비자가 원하는 것을 만들 수밖에 없습니다. 자기가 주고 싶은 제품 또는 만들 수 있는 제품은 그녀가 원하는 것이 아닐 확률이 매우 높으니까요.

너무나 당연한 이치를 제가 이렇게 강조하는 까닭은 많은 사람들이 기업과 소비자의 관계를 바꾸어 생각하는 경우가 많기 때문입니다. 소비자가 기업을 이끌어 가는 게 아니고 기업이 소비자를 이끌어 간다고요. 그렇지 않습니다. 1974년, 유아식으로 유명한 거버 사^社는 성인들을 위한 인스턴트 식품 '싱글즈'를 개발했습니다. 제품 개발에 많은 비용과 시간을 투자하였지요. 기존의 인스턴트 식품들은 데

기업과
연애에 빠진 사람들의 공통점은?

그녀의 마음이 어디를 향해 있을까,
고민하고 또 고민하기

거버가 독신자나 직장인을
공략하기 위해 만든 싱글즈는
'역대 최악의 상품 7'의 하나로 꼽히기도 했다.

워야 했지만 거버의 '싱글즈'는 병에 담겨 있어서 그러한 조리과정을 거치지 않아도 되니 매우 편리했지요. 게다가 야채, 고기, 과일 등 다양한 맛을 선택할 수 있었습니다. 그런데도 '싱글즈'는 소비자로부터 외면을 받았습니다. 병 모양이 이유식 병과 비슷했고, 병을 따서 음식물을 퍼먹는 것이 마치 아기가 이유식을 먹는 것과 같은 느낌을 준 것이지요. 성인용 음식이라고 받아들이기 어려웠던 겁니다. 게다가 지금과는 달리 혼자 사는 성인들에 대한 사회적 시선이 그리 곱지만은 않던 때였습니다. 그러니 '싱글즈'라는 브랜드 이름도 매력적이지 않았지요. 거버는 혼자 사는 성인 소비자들이 진정 어떤 식품을 원하는가에 대해 잘 이해하지 못한 겁니다. 단지 자신들이 잘 만들 수 있는 제품에만 몰두했고, 그 결과 엄청난 손해를 봐야 했습니다.

 해마다 출시되는 신제품의 80퍼센트가 시장에서 외면을 받는다는 통계 결과도 있습니다. 기업이 많은 시간과 노력을 들여 만든 제품

10개 중 8개는 실패한다는 것이지요. 소비자가 원하는 것을 잘 이해하지 못하거나, 개발자 자신만 중요하다고 생각하는 제품을 만들면 언제고 외면당하는 것이 현실입니다. 기업과 소비자의 관계를 잘 이해하는 것은 앞으로 제가 드릴 얘기에 있어서 매우 중요한 씨앗이 되니까 잘 기억해 주길 바랍니다. 기업의 운명은 소비자의 손에 달려 있습니다.

마케팅은
그 또는 그녀를
이해하는 일

인생은 수많은 선택의 연속이라고들 하지요. 여러분도 그렇지 않나요? 친구들과 영화를 볼 것인지 컴퓨터 게임을 할 것인지, 수학 공부를 먼저 할 것인지 영어 공부를 먼저 할 것인지, 스니커즈를 신을 것인지 샌들을 신을 것인지를 늘 선택해야 하지요. 소비를 할 때도 마찬가지입니다. 오렌지주스를 마실 것인지, 커피를 마실 것인지, 아니면 콜라를 마실 것인지. 커피를 마시기로 선택했다면 그다음은 캔 커피를 마실 것인지, 커피전문점에 갈 것인지, 자판기 커피를 마실 것인지 생각해야 하지요. 또, 커피전문점을 선택했다면 스타벅스를 갈 것인지, 커피빈을 갈 것인지 결정해야 합니다. 어때요, 선택의 연속 맞지요? 그렇다면 한정된 자원(부모님께 받은 용돈) 안에서 어떻게 하면 손해 보지 않고, 현명하게, 후회 없는 선택을 할 수 있을까요? 기업과 마케팅을 알아야 하는 이유가 여기에 있습니다.

먼저 마케팅의 정의부터 살펴볼까요? 소비자들의 요구에 맞추어 제품을 계획하고 생산하며, 소비자들이 지불할 수 있는 가격을 요구하고, 다양한 방식으로 소비자들과 제품에 대해 소통하며, 소비자들이 방문하기 편리한 곳에서 제품을 판매하는 역동적인 상업 활동, 마케팅은 이렇게 정의 내릴 수 있습니다. 마케팅에 대한 이해가 충분하지 않은 일부 사람들이 마케팅을 단순히 판매 활동 또는 광고라고 말하는데, 이는 잘못된 상식입니다. 소비자의 요구에 맞게 제품을 기획하는 것에서부터 마케팅은 시작됩니다.

그러기 위해서는 제품을 구매할 대상, 즉 소비자에 대한 깊은 이해가 선행되어야 하지요. 소비자가 무엇을 필요로 하는지, 어떤 생각을 하고 있는지, 어떤 것에 감동하는지, 사용하고 있는 제품에 어떤 불만을 갖고 있는지를 알아야 합니다. 소비자 조사나 시장 조사를 통해서요.

기업은 조사를 통해 얻은 다양한 정보 속에서 소비자들의 생각을 읽어 냅니다. 그렇게 읽어 낸 생각을 '인사이트'라고 하는데, 기업은 이를 마케팅 전략에 활용합니다. 마케팅 전략이란 소비자가 가지고 있는 문제를 해결해 주는 과정과 방법을 의미합니다. 크게 브랜드, 제품, 가격, 유통, 커뮤니케이션, 이렇게 다섯 가지 방법이 있습니다. 이해를 돕기 위해 소비자가 집먼지 진드기에 대해 고민하는 상황을 예로 들어 볼게요.

기업은 소비자의 고민을 해결하기 위해 집먼지 진드기를 없앨 '집먼지 진드기 제거제'를 만들기로 합니다. 제품을 어떤 형태로 만드느냐에 따라 편리할 수도 있고 덜 편리할 수도 있겠지요. 기업은 가루 형태가 아닌 분무기 형태를 만들기로 합니다. 이를 '제품 전략'이라고 합니다. 소비자가 가진 문제를 어떻게 해결해 줄 것인가 하는 '방법'에 해당합니다.

그다음에는 다른 회사에서 만드는 집먼지 진드기 제거제와 구별하기 위해 '페브리즈'라는 고유의 이름을 붙입니다. '브랜드 전략'입니다.

다음으로, 집먼지 진드기를 없애고자 하는 소비자들이 얼마만큼 '페브리즈'라는 제품에 비용을 지불할지를 고려하여 가격을 책정합니다. 가격이 너무 높으면 아무리 진드기를 없애고 싶은 마음이 있어도 구입하기 어렵겠지요. 그렇다고 가격을 너무 낮게 잡으면 기업이 손해를 봅니다. 적정한 수준이 어떤 것인지 고민을 해야지요. 이를 '가격 전략'이라고 합니다.

그다음에 소비자들에게 이러한 제품이 출시되었다고 알리고 구매를 독려하는 과정을 '커뮤니케이션 전략'이라고 합니다. 커뮤니케이션을 하지 않으면 소비자들이 페브리즈가 어떤 제품인지, 어떤 문제를 해결해 주는지 알 수가 없거든요. '페브리즈'를 구매할 예비 소비자들이 많이 접하는 매체를 통해 광고를 합니다. TV가 될 수도 있고 인터넷 혹은 잡지가 될 수도 있지요.

여기까지 했다면 소비자들이 자주 가는 점포를 정해야 하는데, 이를 '유통 전략'이라고 합니다. 젊은 소비자들은 인터넷에서 구매를 하고, 노년의 소비자들은 인터넷보다는 물리적 공간에서 직접 제품을 보고 구매하는 걸 좋아합니다. 따라서 예비 소비자들이 어떤 점포에 자주 방문하고 선호하는지에 맞추어 대형마트나 집 주변 편의점에 페브리즈를 구비하도록 합니다.

이러한 다섯 가지 마케팅 전략은 '소비자의 문제 해결'이라는 목적을 향해 긴밀히 연결되어야 합니다.

그중에서도 가장 중요한 것은 뭐니뭐니해도 제품입니다. 소비자가 원하는 제품을 만들어서 설득하는 것이 마케팅의 핵심이라고 해도 과언이 아닙니다. 아무리 사지 말라고 뜯어말려도 사람들은 좋은 제품에 모여들게 마련입니다. 아이폰을 보세요. 한국에서 A/S 정책은 그야말로 가관입니다. 제품이 고장 나거나 문제가 생겨도 새 제품으로 교환하거나 환불받기가 매우 어렵지요. 가격은 또 어떤가요? 미국에서 판매하는 가격보다 두 배 이상이 높습니다. 그래도 아이폰을 사려고 출시 당일 새벽부터 매장 앞에 줄을 서는 진기한 광경이 연출되지요.

그러면 소비자가 원하는 제품을 어떻게 만드는가, 그 역시도 소비자의 심리를 파악하는 데서 시작됩니다. 음성 통화를 더 선호하는지, 문자를 더 선호하는지, 인터넷으로 무엇을 검색하는지… 그걸 알아야 소비자가 원하는 스마트폰을 만들어 낼 수 있으며 그들이 원하는 방식으로 소통할 수 있지요.

재미있는 것은 소비자 자신도 무엇이 필요한지 모르는 경우가 많다는 것입니다. 터치폰만 해도 그래요. 버튼을 여러 번 누르지 않아도 되는, 손가락으로 스크린을 살짝 건드리기만 해도 다음 화면으로 넘어가는 그런 터치 기능이 필요하다고 누구나 인식하고 있었을까요? 그렇지 않습니다. 막연히 기존 핸드폰의 똑딱이 기능이 불편하다고만 생각하고 있었지요. 제품을 만드는 사람들은 소비자의 이런 마음을 읽고, 어떻게 하면 불편하지 않게 핸드폰을 조작할 수 있을까 고민합니다.

많은 사람들이 스티브 잡스를 창의적 인물이라고 평가합니다만 제 생각은 좀 다릅니다. 스티브 잡스는 창의성이 있다기보다는 소비자의 마음을 읽을 줄 아는 사람이었습니다. 사실 아이폰의 성공 요인은 소비자의 사용 패턴을 잘 파악한 데 있습니다. 아이폰이 개발되기 이전에 스마트폰 시장은 제품 개발자, 즉 만드는 사람 중심이었습니다. 전적으로요. 철저하게 개발자의 안목으로, 개발자가 원하는 방식으로, 복잡하고 어려운 스마트폰을 만들어 시장에 선을 보였지요. 반응은 냉담했습니다. 1세대 스마트폰을 기억하시는 분, 많지 않습니다.

언젠가 국내 유명 전자회사를 다니는, 최고 좋은 공대를 나온 제품 개발자들을 대상으로 강의를 한 적이 있습니다. 그중 한 분에게 새로 출시된 소형 카메라에 대해 소비자와 대화하듯 설명해 달라고 부탁 드렸습니다. 그러자 그분의 입에서 제가 알아들을 수 없는 외

개발자의 안목과 방식을 내려놓고
소비자의 자리에 서는 것.

좋은 제품에 대한 아이디어는
창의성이 아니라
역지사지의 자세에서 나온다.

계어가 뿜어져 나왔습니다. 제 정신은 점점 혼미해져 갔지요. 그분은 왜 자기 말을 이해 못 하느냐는 표정을 짓고 있었습니다. 소비자의 눈이 아닌 개발자의 눈으로 제품을 바라보고 있는 것이지요. 그분들이 만들어 낸 1세대 스마트폰은 사용설명서가 200페이지에 이르는, 그야말로 만든 자만이 사용법을 알 수 있는 매우 복잡하고 어려운 제품이었습니다.

스티브 잡스는 아주 간단한 질문을 던집니다. 왜 스마트폰 사용이 이렇게 복잡하고 어려워야 하는가? 사용설명서가 필요 없는 제품, 사용하면서 쉽게 기능을 익힐 수 있는 제품을 만들 수는 없을까? 그런 간단한 질문이 지금의 아이폰을 탄생시킨 것이지요.

아이팟 나노의 탄생 배경도 아주 간단합니다. 기존의 아이팟은 크기가 지금의 아이폰과 비슷했어요. 사람들은 아이팟을 몸에 지니고 음악을 듣고 싶어 했지만 무게로나 크기로나 그러기가 어려웠어요. 스티브 잡스는 어떻게 하면 손에 들고 다니는 귀찮음을 없앨 수 있을까 고민하던 중 사람들이 즐겨 입는 청바지 주머니 중에 사용하지 않는 주머니가 있다는 것을 발견하게 됩니다.

지금 청바지를 입고 있다면 한번 보세요. 오른쪽이나 왼쪽 앞주머니 안에 작은 주머니가 또 하나 달려 있을 겁니다. 잘 사용하지 않는데도 대부분의 청바지엔 이 주머니가 있지요. 여담이지만, 저는 가끔 남

제품 개발자의 눈이 아니라 소비자의 눈으로 제품을 바라보는 것. 이
것이 창의성보다 우선한다. 왜 사용법이 복잡하고 어려워야 하는가,
사용하면서 쉽게 기능을 익힐 수는 없을까, 사람들의 불편을 어떻게
하면 해소할 수 있을까, 좋은 제품은 이런 질문에서 시작한다.

자들의 주머니를 이용한 소지품 저장 능력에 놀라곤 합니다. 여자들이 작은 핸드백에 넣고 다니는 것들을 죄다 바지 주머니에 넣거든요. 오른쪽 주머니에는 열쇠꾸러미, 왼쪽 주머니에는 지갑, 뒷주머니에는 핸드폰 등등. 이 작은 동전 주머니만 제외하고 말이지요. 스티브 잡스는 이 쓸모없는 주머니에 넣을 수 있는 아이팟을 만들기로 마음먹습니다. 그래서 탄생한 것이 아이팟 나노입니다.

이렇듯 마케팅은 사람이라는 존재에 대해 이해하고 그들의 생각과 마음을 읽어 제품에 반영하고 소통하는 작업이라고 할 수 있습니다. 따라서 마케팅 실무자들은 무엇보다 '사람'에 대해 많은 호기심을 가지고, 그들의 행동과 심리에 대해 연구하고 있습니다.

모든 관계엔
밀당이 존재한다

오늘 단 하루!
30분 동안 특별한 가격으로 1,000개만 한정 판매합니다.

이러한 문구는 가깝게는 홈쇼핑 채널이나 길가 점포에서, 멀게는 고가품 광고판에서 흔히 보았을 겁니다. 많은 양을 생산해서 많이 팔아야 더 많은 이윤을 남길 수 있을 텐데, 왜 기업은 시간과 물량을 제한하는 걸까요?

인간은 본능적으로 자유를 추구합니다. 자유를 구속하는 환경에 놓이면 자유를 되찾기 위해 기를 쓰지요. 누가 뭘 하라고 명령하면 잘 하던 일도 그만두고 싶고, 거꾸로 어떤 행동을 하지 말라고 하면 그렇게 하고 싶을 수가 없어요. 이를 '청개구리 심리'라고 합니다. 여러분도 자주 느꼈을 거예요. 'TV 10분만 더 보고 수학문제집 풀어야지' 하고 있다가도, "TV 좀 그만 보고 얼른 방에 들어가서 공부해." 이 말을 듣는 순간 공부하고 싶은 마음이 싹 달아나죠. 이러한 심리는 인간이라면 누구나 구속받지 않고 자신의 생각에 따라 행동하고 싶은 자유의지를 가지고 있기 때문에 나타납니다.

자유에 대한 갈구는 소비생활에도 영향을 미칩니다. 소비 자유가 제한되는 상황에 처하면, 즉 내가 원할 때, 원하는 만큼 살 수 없게 되면 사람들은 자유를 되찾기 위해 구매에 더 열을 올리게 됩니다. 기업은 이런 청개구리 심리를 이용해 시간과 물량을 제한하여 판매합니다. '당신에게는 판매하지 않습니다', '오늘 단 하루만 판매합니다' 등의 말은 자유를 추구하는 인간 본연의 심리를 이용한 고도의 판매 전술이라고 할 수 있습니다. '단', '만', '동안만', '한정하여' 등의 용어로 청개구리 심리를 자극하여, 소비자가 마음을 제어할 수 없게 만드는 것이지요.

미국 서부에는 옐로스톤이라는 국립공원이 있습니다. 그런데 미국 정부에서 옐로스톤의 자연경관을 보호하기 위해 앞으로 50년 동안만 일반인의 출입을 허용한다는 말이 국내에 떠돌았습니다. 그러자 많은 이들이 이곳을 찾기 시작했습니다. 시간을 미루다간 방문 기회를 놓칠 수 있다고 생각했기 때문이지요. 그러나 이는 어느 한국 여행사에서 한국인 관광객들을 유치하기 위해 만든 거짓 소문이었습니다. 이것은 마케팅이 아니라 사기라고 할 수 있으나, 사람들의 자유 갈구 심리를 잘 파고든 것만은 분명합니다.

싱가포르의 한 음료 회사는 청개구리 심리를 이용해서 두 가

"쉿! 비밀이야"라는 단서가 붙을수록
입이 간지러워지는 건 왜일까.
사람들의 이런 심리를 영리하게 포착한 제품.

Soft drinks for the undecided

지 종류의 흥미로운 음료수를 판매하고 있습니다. Anything_{애니씽}과
Whatever_{와트에버}가 그건데요, 전자는 탄산음료, 후자는 아이스티입니
다. 그런데 특이하게도 제품의 겉포장 어디에서도 레몬 맛인지 딸기
맛인지 콜라 맛인지를 알려 주지 않습니다. 캔을 따서 한 모금 마셔
봐야 그 맛을 알 수 있어요. '어떤 맛인지 절대 알려 주지 않을 거야'
라는 메시지를 접한 소비자들은 오히려 어떤 맛인지 알아내기 위해
그 음료를 마시고 싶어 합니다.

이러한 청개구리 심리는 10대들 사이에서 더 많이 발견됩니다. 10
대는 자신의 정체성을 찾기 위해 노력하는 시기이니 만큼 자신의 자
유를 방해하거나 제한하는 것들에 대해 더욱 민감하니까요.

기업은 그러한 심리를 자극하고 싶어 합니다. 최근 담배 회사들이
한정판 담배를 출시하는 이유도 여기에 있습니다. 건강에 대한 개개
인의 관심이 커지면서 담배를 피우는 성인들의 수가 줄어들기 시작
했습니다. 담배 회사로서는 고객을 잃고 있는 겁니다. 게다가 담배

는 국민 건강에 해가 되는 제품으로, 미디어 광고가 금지되어 있습니다. 여러분도 TV에서 담배 광고를 본 적이 없을 거예요. 더 이상 성인들을 끌어들이기 어렵게 되자 담배 회사들이 살아남기 위해 생각해 낸 것이 바로, 청소년이나 대학생들을 대상으로 한 '한정판 담배'입니다.

'레종 윈터스페셜'이나 '보헴시가 모히또 스노우팩' 같은 한정판 담배는 '단' 한 달 동안 또는 겨울에 '만'이라는 제한된 기간을 조건으로 하고 있습니다. 왠지 이 '단'이나 '만'이라는 용어를 접하면 마음이 급해집니다. 지금 아니면 구매할 수 없을 것 같거든요. 그런데 한정판 담배는 여러분이 생각하는 것처럼 지금이 아니면 구매하기 어렵다거나 또는 특별한 의미가 있는 것은 아닙니다. 그냥 공장에

겨울을 즐기는 고양이를 캐릭터로 내세운 레종 윈터스페셜.
청개구리 심리를 이용한 한정판 제품으로, 2주 동안만 판매했다.

서 일반 담배와 똑같이 생산한 다음 이름만 '스페셜'을 붙인 것이지요. 기존의 제품에 약간의 향기를 추가한다거나 포장 디자인을 달리해서 특별한 '척' 하는 겁니다. 특별한 의미 없이 대량으로 생산해서 제한된 기간에 판매하는 것은 진정한 한정판이 아닙니다.

　기업은 의미 있는 날(코카콜라 창사 50주년)을 기념한다거나, 색다른 시도(유명 디자이너와 협업)를 하기 위해, 또는 사회적 이슈(유방암 예방)에 동참하기 위해 제품에 새로움을 더합니다. 그런데 그 변화가 오랜 기간 지속되면 기존의 정체성을 잃

어버릴 수 있기 때문에 제한된 기간 동안에만 생산하여 판매합니다. 이것이 한정판의 본래 의미입니다. '코카콜라' 하면 상징인 붉은색 캔이 떠올라야지, 흰색 병과 함께 패션 디자이너 마크 제이콥스가 떠오르면 안 되니까요.

　이제 한정판의 의미를 알았으니 스페셜이니, 한정판이니 하는 문구나 용어에 혹하여 제품을 구매하거나 필요 이상으로 구매하지 않도록 마음의 중심 잡기를 해야 합니다. 기업이 여러분의 청개구리 심리를 이용하여 한정판인 '척' 여러분들을 현혹시키지 못하게요.

마케팅과 사기는
종이 한 장 차이?

어느 날 수업 시간에 학생들에게 마케팅이 무엇인가 물었습니다. 그랬더니 어떤 학생이 아주 기가 막힌 대답을 하더군요. 마케팅을 잘하기 위해서는 사기를 잘 쳐야 한다는 겁니다. 사기꾼이 되어야 한다는 것이지요.

정말 그럴까요? 만약 그런 게 아니라면 '마케팅'과 '사기'의 차이는 무엇일까요?

2006년, 대한민국을 뒤집어 놓은 일대 사기극이 있었습니다. 만원도 안 되는 중국산 시계를 재벌가와 연예인, 정치인들에게 수천만원에 판매한 사건이었지요. 판매자들은 싸구려 시계에 빈센트라는 브랜드를 붙여 고가의 시계로 둔갑시키고, 100년 전통의 스위스산으로 유럽 왕실에만 한정 판매된 제품이라고 광고했습니다. 우리는 그들을 마케터가 아닌 사기꾼이라고 부릅니다. 왜 그럴까요? '진실

'세계 1퍼센트만을 위한 명품 수제시계'로 부유층을 농락한 빈센트. 서울 청담동에서 론칭 파티를 열기도 했다.

성'이 없기 때문입니다. 100년 전통도 아니고, 스위스산도 아니었으며, 유럽 왕실에 한정 판매한 적도 없었지요. 새까만 거짓말이었던 겁니다. 이것은 마케팅이 아닙니다.

예전에 엔에프씨NFC라는 오렌지주스가 있었습니다. 일반적으로 오렌지주스는 짜거나 갈아서 만들거나 농축된 오렌지액에 물을 타서 만듭니다. 그런데 짜는 건 제조 공정이 까다로워서 생산 비용이 많이 들기 때문에 많은 업체들이 농축 오렌지액을 사용하지요. 원래 NFC는 Not From Concentrate의 약자로, 농축 오렌지액을 사용하지 않고 맛과 신선함을 유지하기 위해 짜거나 갈아서 만든 주스라는 의미입니다. 미국에서는 농축액이 아닌 '짜낸' 오렌지주스라는 걸 강조하기 위해 제품 포장에 'Not From Concentrate'라고 표기해 오고 있습니다. 그런데 국내에서 시판한 엔에프씨 주스의 성분 표기에

브랜드 이름과 내용물이 다른데도 주스 부문 1위를 했다. 유명하니까, 대기업 제품이니까 하고 무조건 믿기보다는 정보를 충실히 살펴야 한다.

는 '오렌지 농축 과즙'이라고 쓰여 있었습니다. 브랜드 이름이 말하는 것과 실제 제품의 내용이 엄청난 차이가 있지요. 이런 경우 마케팅 활동이라고 말하지 않습니다.

미국에는 'I can't believe it's not butter 이게 버터가 아니라는 것을 믿을 수가 없어'라는 아주 긴 브랜드 이름을 가진 마가린이 있습니다. 식물성 기름이 주 원료이고, 버터 대체품이라고 할 수 있습니다. 일반적으로 버터는 우유로 만들기 때문에 굉장히 비싸지요. 소비자들은 우유로 만든 버터를 선호하지만 값이 비싸기 때문에 어쩔 수 없이 마가린을 선택합니다. 마가린을 판매하는 많은 기업들은 마가린을 마치 버터인 것처럼 인식시키기 위해 노력합니다. 그러나 이 'I can't believe it's not butter'라는 브랜드는 버터인 척 하지 않습니다. 오히려 브랜드 이름을 통해 마가린이라는 것을 강조하면서도, 경쟁 제품인 버터보다 맛있다는 것을 재치 있게 알려 주어 많은 인기를 얻었습니다.

마케팅에는 '진실'이 담겨 있어야 합니다. 진실이 없는 활동은 마케팅이 아니라 사기입니다. 제대로 된 마케팅은 기업과 소비자 모두에게 긍정적인 결과를 안겨 줍니다. 소비자는 좋은 제품으로 자신이 필요한 것을 얻을 수 있고, 기업은 제품을 팔아 이윤을 얻습니다. 그러나 사기는 제품을 판 사람만 행복해지는 비정상적인 결과를 낳습니다.

그렇다면, 소비자 입장에서 어떻게 가짜와 진짜를 구별할 수 있을까요? 사실 이 부분을 해결할 수 있는 방법을 찾기란 쉽지 않습니다. 안타깝게도 마케팅 활동의 진정성 여부는 보이는 것만으로는 판단하기 어려운 것들이 많고, 기업의 실무자들만이 알고 있기 때문입니다. 기업 내부 정보에 소비자들이 접근하기는 매우 어렵기 때문에, 각종 소비자단체나 언론이 열심히 기업의 비윤리적인 경영활동을 찾아내고, 소비자들에게 유익한 정보를 제공해 주기 위해 고군분투하고 있습니다.

그럼 우리가 할 수 있는 것들은 없을까요? 국가에서는 소비자들의 권익을 보호하기 위해 그리고 소비자들이 올바른 구매 결정을 할 수 있도록 기업들에게 필요한 정보를 제품에 명시하도록 요구하고 있습니다. 그런데 생각보다 소비자들은 이런 정보를 살펴보고 확인하기보다는 '잘 알려져 있으니까', '광고를 많이 하니까', '대기업이 만들었으니까', '맛있으니까' 등 실제 품질과는 연관성이 매우 적은 단서들을 가지고 맹목적으로 의사 결정을 합니다. 위에서 언급했듯이 오렌지주스를 고를 때 단순히 브랜드 이름이나 포장, 병 모양을 보고 '맛있어 보이는 것'을 구매합니다. 경솔한 행동입니다. 제품을 통해 제공되는 정보들을 충분히 찾아보아야 합니다.

소비자들이 품질을 가늠할 수 있는 성분이나 재료를 확인하지 않고 단지 브랜드 이름이나 포장 디자인에 따라 구매 결정을 하기 때문에, 기업들은 제품 이름에 '프리미엄', '명품'과 같은 용어를 무책임하게 사용하고 있습니다. 심지어는 달걀 하나에도 '젊은 닭이 낳은 달걀', '아침에 낳은 달걀', '목초란', '홍삼란' 등의 과장된 수식어와 이름을 부여하고 있지요. 닭은 아침에 알을 낳는 게 당연하지요? 당연한 걸 제품 이름으로 사용한다는 것조차 사실 우스운데, 문제는 소비자들이 이러한 제품에 혹해서 구매를 한다는 것입니다. 마케팅과 사기를 가늠하는 일은, 주어지는 제품에 대한 상세한 정보를 확인하는 것부터 시작되어야 하겠습니다.

CHAPTER 2

브랜드 이야기

브랜드와 제품은 생각보다 우리 생활 깊숙이 자리하고 있다. 머릿속에 잠복해 있다가 우리의 소비활동에 결정타를 날린다. 누군가가 애용하는 브랜드를 보면 단편적이나마 그에 대해 알 수 있지 않던가? 온몸을 키티로 휘감은 사람을 보면 귀여운 걸 좋아하는 사람임을 알 수 있는 것처럼.

그런데 우리는 어떻게 유니클로는 '심플함', 나이키는 '부의 상징'이라는 공식을 갖게 된 걸까?

누가 내 머릿속에
브랜드를 넣었지?

화제의 '아이폰'은 브랜드일까요, 제품일까요?

'아이폰'은 '스마트폰'이라는 제품 범주에 속한 '브랜드'입니다. 애플 사가 자신들이 만들어 낸 스마트폰을 삼성이나 LG에서 만드는 스마트폰과 구별되도록 만든 특별한 이름이지요. '박지혜'라는 제 이름도 브랜드입니다. 제 부모님께서 많은 사람들 속에서 다른 사람들과 구별하기 쉬울 뿐만 아니라 '지혜로운 사람'이 되었으면 하는 소망을 담아 '지혜'라는 멋진 이름을 지어 주셨지요.

만약 모든 사람들이 이름 없이 그냥 '사람'이라고 불린다면, 세상은 매우 혼란스러울 겁니다. 학교에서 선생님이 '사람~'이라고 부르면 반 학생 40명이 모두 대답할 테니까요. '브랜드'는 사람으로 치면 '이름'과 같습니다. 17차, 네스카페, 하우젠, 던킨도너츠, 리니지, 교보문고 모두 브랜드라고 할 수 있습니다. '노스페이스'도 브랜드입니다. 다른 회사에서 만드는 수많은 아웃도어 제품들과 다르게 인식되게 하기 위해 지어 붙인 특별한 이름. 이 정도면 브랜드와 제품의 차이는 이해가 되었을 거라고 생각합니다.

여러분은 '도너츠' 하면 무엇이 떠오르나요? 저는 '던킨도너츠'가 떠오르네요. 그다음엔 크리스피크림, 파리바게트, 뚜레쥬르 정도가 생각납니다. '나이키'를 들으면 어떠세요? 아마 운동화, 농구화, 빨간색, 스우쉬 마크, 마이클 조던 등이 생각날 겁니다. 이 대목에서 개그맨 황현희 씨의 말이 생각나네요. '이거 왜 이러는 걸까요~?' 정말 왜 이런 이름과 이미지들이 떠오르는 것일까요? 제가 밤새 밑줄 그어 가면서 외운 것도 아닌데. 참 신기한 게 영어 단어는 밤새 외워도 안 외워지는데 이런 건 관련 용어나 이미지들이 그냥 술술 나옵니다.

사람들은 학습한 정보들을 기억하기 쉽도록 머릿속에서 잘 정리하여 저장하는 습성을 가지고 있습니다. 정리 방식은 간단합니다.

‘배고프다’ – ‘엄마에게 밥을 달라고 한다’처럼 서로 연관성이 있다고 생각되는 개념끼리 연결시켜 놓는 것이지요. 그렇기 때문에 하나의 개념을 떠올리면 그와 연결되어 있는 다른 개념들이 동시에 떠오릅니다. 이것을 기억 연상망이라고 해요.

이와 비슷한 개념으로, 마케팅에서는 ‘브랜드 연상’이라는 것이 있습니다. 위에서 살펴본 대로 어떤 브랜드 이름을 들었을 때 관련된 여러 개념들이 연달아 떠오르는 현상을 말하지요.

브랜드 연상이 일어날 때는 단순히 그 브랜드의 캐릭터나, 광고모델, 색상, 제품만 떠오르는 게 아닙니다. 브랜드에 대한 나의 경험기억(수학여행 갈 때 이 브랜드의 옷을 입었었지), 느낌(따뜻하다, 차갑다, 좋다, 싫다 등), 생각(이 브랜드는 문제

가 있다)들도 떠올리게 됩니다.

브랜드 연상은 우리의 소비생활과 밀접한 관계가 있습니다. 기업에는 브랜드에 대한 소비자들의 기억과 생각, 느낌들을 관리하는 '브랜드 관리자'가 있습니다. 이들의 가장 중요한 임무는 소비자가 기업이 의도한 대로 브랜드를 기억하고, 브랜드와 관련된 중요한 개념들을 머릿속에 잘 정리하고 있다가, 필요한 때 잘 떠올려 제품을 구매하도록 브랜드 연상망을 만들고 관리하는 것입니다.

예를 들어, 운동화를 산다고 해 볼게요. '운동화'라는 제품을 떠올린 순간, 머릿속에 운동화와 연관된 여러 가지 브랜드 이름이 떠오르지요? 나이키, 뉴발란스, 아디다스, 퓨마, 컨버스 등등. 그중에서도 '나이키'를 신으면 왠지 체육시간에 달리기를 잘할 것만 같고, 농구 게임에서 한 골이라도 더 넣을 것 같고, 점프도 잘될 것 같은 생각이 듭니다. 왜 그런다고요? 나이키의 브랜드 관리자가 우리 머릿속에 그들이 원하는 나이키의 이미지를 심어 놓은 것이지요. 우리의 기억은 우리 자신이 만든 것이 아닙니다. 엄밀히 말하면 우리의 기억은 누군가에게 조종당하고 있는 것입니다.

미국의 「애드버타이징 에이지 Advertising Age」라는 광고 전문지가 조사한 걸 보면, 소비자들은 하루에 평균 6천 개에서 8천 개의 브랜드 정보에 노출된다고 해요. 자신도 모르는 사이에 우리 두뇌가 이러한 정보들을 입력하고 기억하게 되는 것이지요.

참 무서운 얘기입니다. 오늘도 수많은 기업의 브랜드 관리자들은 우리가 즐겨 보는 드라마, 예능, 패션잡지, 간판, 점포 유리에 붙은 광고 포스터 등을 통해 자신들이 원하는 브랜드의 정보를 우리 머릿속에 심기 위해 노력하고 있습니다.

'유니클로'라는 브랜드를 들었을 때,
'심플함'이나 '편안함'이 아닌 '농구'가 연상된다면
브랜드 관리를 잘못한 셈.

제품만으로는
부족해

　과거에는 많은 기업들이 제품 그 자체에만 연연했습니다. 좋은 제품이 소비자의 삶의 질을 높인다고 생각했으니까요. 그런데, 최근 소비자들은 제품의 기능적인 측면만을 원하지 않습니다. 생활의 질이 향상되기를 기대하는 건 기본이고, 그 제품을 갖는 것 자체가 즐겁고 기쁜 일이 되기를 원하지요. 게다가 남에게 보여 주고 싶어 하고요.

　제가 잘 아는 고등학생이 있는데, 이 친구는 운동화를 너무 좋아해서 새로 나온 운동화들을 꿰고 있습니다. 언제 나왔는지, 어떤 기능이 있는지, 어떤 재질로 만들어졌는지…. 이 친구에게 물어보면 최근에 어떤 모델이 출시되었고, 역사는 어떻고, 어디서 가장 저렴하게 구매할 수 있는지 다 알 수 있습니다. 그런데 이 친구 방에 가면 재미있는 광경을 볼 수 있습니다. 신발장에 있어야 할 운동화가 방에 떡하니 전시되어 있습니다. 나이키 한정판이라나요. 사긴 샀지만 신고 나가 본 적도 없고 앞으로도 그럴 생각이 없다고 합니다. 그저 바라보는 것만으로도 너무 행복하다고요. 친구들을 집으로 불러 자랑하고, 심지어 밤에 잘 때도 끌어안고 잔답니다. 나이키 운동화를 생각하면 가슴이 두근거리고 떨린다고 합니다. 그런데 리복 운동화에는 그런 감정이 느껴지지 않는다고 합니다.

이 친구에게 나이키 운동화란 편하게 신고 걷고 뛸 수 있는 운동화 그 이상입니다. 운동화의 본래 기능을 살리려면 운동화를 신고 농구를 하거나 조깅을 해야겠지만, 소유하는 것 그 자체로 즐거움과 행복감을 느끼는 것이지요. 이러한 소비를 '감성적 소비'라고 합니다. 즉, 제품의 기능적인 측면을 소비하는 것이 아니라 즐거움을 느끼기 위해 소비하는 것이지요.

브랜드는 기능적 가치 그 이상을 제공하는 데 있어 중요한 역할을 합니다. 앞에서 본 것처럼 브랜드 안에는 제품의 기능뿐 아니라 다양한 감정들과 상징들이 숨어 있기 때문입니다. 소비자는 자신들이 원하는 감정과 상징을 소비하기 위해 때로 더 많은 비용을 지불하기도 합니다. 기업들도 이제는 이 사실을 알고, 브랜드를 띄우고 브랜드에 감성적 요소들을 심어 넣는 데에 많은 노력을 기울입니다.

기업이 브랜드를 중요하게 생각하는 이유는 타 기업과의 경쟁 때문이기도 합니다. 과거에는 좋은 제품과 그렇지 않은 제품을 구별하기가 매우 쉬웠어요. 기업에 따라 품질 차가 컸으니까요. 그런데 기술이 발달하면서 그 차이가 크게 두드러지지 않게 되었습니다. 아래 두 개의 냉장고가 있습니다. 이 중 어떤 냉장고를 구매해야 할지 판단이 서나요? 가격이나 기능면에서 둘은 별 차이가 없습니다. 그렇다면 소비자는 어떤 기준을 가지고 냉장고를 선택할까요?

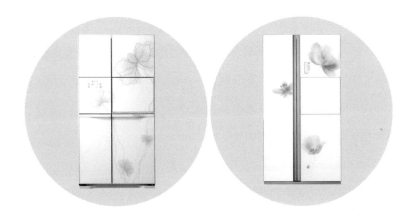

그 기준 중 하나가 냉장고 문 오른쪽 상단에 붙어 있는 브랜드 이름입니다. 소비자들은 '디오스'라는 글자를 통해서는 우아함이나 품격을, '지펠'이라는 글자를 통해서는 발랄함, 즐거움, 트렌디함을 떠올립니다. 결국, 내가 원하는 상징성이나 느끼고자 하는 감정 등을 포함하고 있는 브랜드를 선택하지요.

사실 어떻게 보면 브랜드 이름은 중요하지 않습니다. 그보다는 브

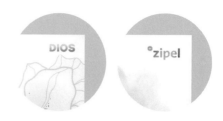

랜드 이름을 통해 떠오르는 여러 감정들이나 상징들이 중요하지요. 아마 '디오스'가 '디오스'라는 이름이 아닌 '제니스'라는 이름이었어도, 우리는 우아함이나 품격 등을 떠올릴 겁니다.

여러분이 노스페이스를 좋아하는 것도 상징성 때문 아닌가요? 원래 노스페이스는 일종의 아웃도어 특수복이라고 할 수 있습니다. 모든 제품이 추위나 더위에 강한 특수 기능들을 갖추었으니까요. 〈1박 2일〉이나 〈김병만의 정글의 법칙〉 같은 TV 프로그램을 보면 노스페이스의 협찬이 눈에 띕니다. 산, 강, 바다를 돌아다니며 촬영을 하기 때문에 추위를 이겨 낼 수 있는 방한복이 필요했을 테지요. 실제로 미국에서는 노스페이스가 '부'의 상징이 아닌 '기능과 실용성'의 상징입니다. 특히 눈이 많이 오는 동북부 지역에서는 노스페이스의 인기가 상당합니다.

노스페이스가 일반 의류에 비해서 가격이 비싼 것도 제품의 특수성 때문입니다. 혹한을 이겨 낼 수 있는 옷감을 사용해야 하고, 기능성을 살려 디자인해야 합니다. 일반 의류에 비해 기술적으로 상당히 복잡하지요. 이러한 노력과 고민은 모두 생산 비용에 반영됩니다.

가격이 높을 수밖에 없지요.

그런데 노스페이스가 고가이다 보니, 기능성보다는 가격에서 오는 상징성 때문에 소비하는 경향이 많습니다. 다른 아웃도어 브랜드보다는 노스페이스를 입어야 집이 좀 사는 것처럼 보인다고 생각하는 거예요. 이런 경향이 심해져 사회적으로 문제가 되고 있지만, 브랜드가 소비자의 감성과 상징성을 함축적으로 표현하는 수단이 되는 것만은 분명합니다.

엄마가 생일선물로 아빠에게 받으면 제일 기뻐할 선물이 무엇일까요? 열이면 아홉, 명품가방일 겁니다. 루이비통이나 구찌 같은 프랑스나 이태리 명가에서 만든 가방이요. 왜 엄마들은 명품가방을 그렇게 좋아할까요?

인간은 누구나 타인에게 자신을 드러내고 싶은 욕구가 있습니다. 외모든, 재력이든, 명성이든, 재능이든, 그 대상은 다를 수 있지만요. 어른들은 특히나 자신의 사회적 지위를 드러내고 싶어 합니다. 우리나라처럼 경쟁이 심한 사회일수록 자신의 우위를 나타내고자 하는 심리가 강하지요. 또 우리 같은 집단주의 사회에서는 타인에게 비치는 모습이 내가 나를 바라보는 모습보다 더 중요합니다. 자신이 누구인지를 보여 주려는 욕구가 크고, 실제로는 고소득자가 아니어도 고소득자처럼 보이기를 원합니다.

그러나 한편으로 우리 사회는 누군가가 가진 것을 드러내는 걸 극도로 꺼리고 싫어합니다. 남이 잘되면 박수를 쳐 주기보다는 '나는 이렇게 힘들게 사는데 너는 뭔데 그렇게 잘나가냐'라고 생각합니다. 다른 사람의 성공은 곧 나의 패배를 의미한다고 여기는 분위기이지요.

그러다 보니 자신을 드러내고 싶은 심리와 그렇게 하면 사회적 지탄을 받을 수 있다는 우려가 마음속에서 충돌을 일으킵니다. 이럴 때 사람들은 지탄을 피하면서 간접적으로 사회적 지위를 표출할 수 있는 도구나 매개체를 선택하는데, 이러한 행동의 배경이 되는 심리를 '사회적 지위의 간접 표명 심리'라고 합니다.

이러한 심리는 남성보다 여성에게서 더 높게 나타납니다. 남성들은 자신의 정체성을 상대방에게 정확하게 알릴 수 있는 '명함'이 있습니다. 아빠의 명함에는 대기업에서 일을 하는지, 자가 사업을 하는지, 직급은 부장인지 차장인지에 대한 정보가 명확히 들어 있습니다. 그러나 여성들은 자신의 부나 지위를 알릴 수 있는 방법이 상대적으로 적어요. 그래서 눈으로 확인 가능한 패션이나 장신구를 통해 자신에 대한 정보를 노출시킵니다. 브랜드가 중요해지는 대목이지요. 고가 브랜드를 소유한다는 건 그만한 재력이 있다는 걸 암시하니까요. 제품의 가격이 높으면 높을수록 부와 지위, 권력의 우위를 나타내는 셈이므로 엄마들은 명품이라 불리는 고가 브랜드를 선호합니다. 명품을 통해 자신이 얼마나 재력이 있는지, 내 남편이 어떤 사람인지 간접적으로 보여 주고 싶은 것이지요. 이처럼 소비자 개인의 정체성은 제품이나 브랜드 소비를 통해 타인에게 전달됩니다.

브랜드는 나의 명함. 나의 정체성을 대변해 준다.

여러분도 마찬가지예요. 사람들은 여러분이 입은 제품, 즉 교복으로 여러분이 어떤 사람인지 알 수 있어요. 어느 학교에 다니는지, 중학생인지 고등학생인지, 어느 지역에 거주하는지, 성격이 깔끔한지 덜렁대는지, 학교 규칙을 잘 지키는지 안 지키는지 등을 알 수 있지요. 신발 신은 모습 하나로도 나의 성격이나 집안 환경, 생활 모습 등에 대해 힌트를 주게 됩니다.

브랜드는 여러분을 더 잘 말해 줍니다. 브랜드는 많은 정보를 함축적으로 내포하고 있다고 했지요? 브랜드 관리자가 많은 사람들의 머릿속에 브랜드와 연관된 개념들을 넣었기 때문이라고요. 그래서 여러분이 선택하는 브랜드는 곧 여러분 자신이 됩니다. 순발력, 힘, 열정, 기능성 등을 원하는 소비자들은 나이키를 구매할 것이고, 안정성, 편안함, 감각적 디자인을 원하는 소비자라면 뉴발란스를 선택하겠지요. 덧붙여, 소득 수준이 높음을 과시하기 위해 뉴발란스보다 나이키를 선택할 수도 있을 것입니다. 나이키를 신은 사람과 뉴발란스를 신은 사람이 어떤 사람들인지, 무엇을 추구하는 사람들인지, 소득 수준이 어떤지를 우리는 거꾸로 유추해 볼 수 있습니다.

비타민 음료도 어떠한 브랜드를 내 손에 들고 다니는가가 나를 대변합니다. 형형색색의 비타민 워터를 마시는 나와 비타500을 마시는 나는 분명 다른 사람일 겁니다. 비타민 워터를 손에 든 나는 세련되고, 멋을 중시하는 여자입니다. 비타500을 마시는 나는 보다 합리적이고 실속 있는 여자입니다.

10대는 브랜드를 통해 자신이 무엇을 좋아하는지를 표현하기도 합니다. 강아지를 좋아하면 강아지 캐릭터를 내세운 브랜드를 좋아하겠지요.

브랜드는 이처럼 현재의 나의 모습을 반영하기도 하지만 내가 되고자 하는 미래의 이상형을 반영하기도 합니다. 사람들은 특정 브랜드를 사용함으로써 내가 되고 싶은 모습으로 변모할 수 있다고 생각하지요. 여러분이 동원 옥수수염차보다 광동 옥수수수염차를 더 좋아하는 이유는 김태희라는 유명 연예인 때문입니다. 광동 옥수수수염차를 마시면 나도 김태희처럼 아름다운 외모 또는 V라인을 가질 수 있다고 생각하는 것이지요. 17차도 마찬가집니다. 17차를 마시면 전지현처럼 예쁜 몸매를 가질 수 있다고 생각하게 됩니다.

브랜드를 통해 자신의 위치를 과시하려는 심리는 10대 여러분들에게도 있습니다. 남보다 앞서야 한다는 경쟁 심리에 익숙해져 버린 우리들은 남들이 소비할 수 없는 무언가를 찾아서 소비하고 희열을 느낍니다. 노스페이스에 대한 맹목적 추종이 단적인 예입니다. 노스페이스를 입는 아이와 입지 못하는 아이, 고가의 노스페이스를 입은 아이와 그보다 저렴한 노스페이스를 입은 아이로 서열이 나뉘었지요. 그러나 이제는 다들 알고 있는 것처럼 노스페이스는 해외 유명 고급 브랜드도 아니고 그 브랜드가 그런 식으로 자신들을 알리고 있지도 않습니다. 왜 하필 노스페이스가 서열을 나누는 잣대로 사용

과열된 경쟁 속에서 항상 내가
남보다 우위에 있어야 한다는 강박관념이
브랜드 소비를 통해 표출되고 있다.

한때 '노스페이스 계급도'가 온라인을 뜨겁게 달구었다.
돈, 권력에 따라 계급을 나누고 서열을 매기는
이 시대 학생들의 씁쓸한 자화상.

되기 시작했을까는 상당히 의아스러운 부분인데요, 이런 식의 근거 없는 집단적 추종은 상당히 비합리적인 모습입니다. 브랜드의 기원, 스토리, 의미 등을 안다면 이렇게 근거 없는 허상을 쫓아다니는 일은 없을 텐데요.

맹목적 사랑,
이대로 괜찮을까?

　최근 만들어진 브랜드들에는 우리가 생각하는 것처럼 특별한 역
사나 의미가 많지 않습니다. 브랜드 관리자가 사람들이 원하는 이미
지에 맞게 만들어 낸 것일 뿐이지요.

　몇 년 전, 잘 알려진 어느 골프 의류 브랜드에서 제게 자문을 해
왔습니다. 고양이를 브랜드의 캐릭터이자 상징물로 사용했던 A브랜
드는 새로운 브랜드 이미지를 고민하는 중이었어요. 골프 의류에 새
겨진 고양이 로고는 브랜드의 품질을 약속하는
것처럼 보였습니다. 이 브랜드에 대해 공부하던
중 저는 의문을 갖게 되었습니다. 왜 골프 의
류에 고양이 캐릭터를 썼을까? 고양이와 골
프가 무슨 상관이지? 왜 고양이가 골프채를
잡고 있을까? 홈페이지에 들어가서 해당
브랜드에 대해 살펴보았습니다. 그런데 이

회사는 황당한 이야기를 늘어놓고 있었습니다. 고양이가 외계에 살고 있었는데 어느 날 지구에 떨어졌고, 그곳이 골프장이었다는 겁니다. 그래서 고양이가 그 유명 브랜드의 대표 상징물이 되었다나요. 브랜드 홍보 사이트에 들어가서 브랜드 역사나 스토리를 읽어 보면 제품과의 연결고리를 찾을 수 없는 내용들이 종종 있습니다.

혹시 여러분 중에 '자이'라는 아파트에 살고 있는 사람이 있는지 모르겠습니다. 살고 있다면 '자이'의 뜻도 알고  있나요? 별로 없을 겁니다. '자이'는 영문으로 'Xi'라고 표기하는데, 'Extra Intelligence'의 약자라고 합니다. '특별한 지성'이라는 의미를 가진 브랜드이지요. 어떤 이들은 Xi를 엑스투XII 라고 읽기도 하지요.

이 이름은 잘못 만들어졌다고 할 수 있습니다. 'Extra Intelligence'는 '특별한 지성'이 아닌 '추가적 지성'이라는 의미이기 때문입니다. 원래 의도하던 것과는 다른 뜻이지요. 'Excellence of intelligence'라고 했다면 원래 의도하던 바와 다소 통할 수 있었을 텐데 말이지요.

브랜드의 이름이 어떻건 간에 사람들은 '자이'라는 단어를 들으면 따뜻한 감정, 이웃과의 나눔, 공동체 등을 떠올리게 됩니다. '자이'가 원래 의미하는 '특별한 지성'과는 좀 다르지요. 브랜드 이름과 의미, 그리고 소비자들의 관심이 관계가 있는 것이긴 한지 허무하게 느껴지기도 합니다.

등산복 전문 브랜드인 노스페이스는 40여 년 전 미국 샌프란시스

코의 해변가 근처에서 만들어졌습니다. 등산복 전문인데 산이 아닌 해변가에서 만들어졌을 거라고 생각해 본 적은 없을 거예요.

브랜드 이름과 실제 추구하는 이미지가 조금 다른 것이야 뭐 그럴 수 있습니다. 그런데도 굳이 이 얘기를 하는 것은, 단지 '브랜드이기 때문에', '브랜드 이미지가 OO하니까' 하고 맹목적으로 달려들지 말라는 당부를 하고자 함입니다.

명품도 마찬가지입니다.

흔히 명품이란 누구도 따라올 수 없는 고품질, 희소성, 장인정신이 부여된 귀하고 가치 있는 브랜드를 의미합니다. 그러나 안타깝게도 〈시크릿 가든〉 현빈의 대사처럼 이태리 장인이 한 땀 한 땀 수놓아 만든 그런 명품 브랜드는 실질적으로 존재하지 않습니다. 잘 알려진 유럽 명품 브랜드들은 예전에는 개인 디자이너로 시작해서 가

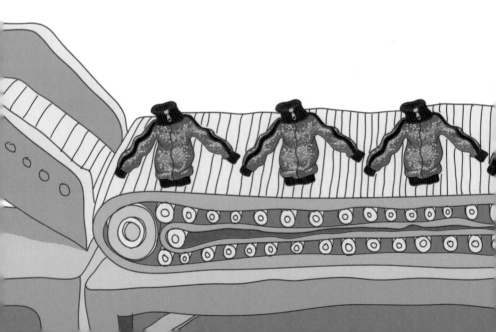

족 중심으로 사업이 운영되었습니다. 개인의 이름을 걸고 하는 사업이니 만큼 하나의 제품을 만들더라도 특유의 장인정신과 자존심을 걸었지요. 그러나 최근 수요가 급증하고 글로벌화 되면서 가족 중심의 소규모 사업에서 대기업 형태로 사업 구조가 변했습니다. 장인정신이나 브랜드의 자존심보다는 경영의 효율성, 기업의 경제적 가치, 주주들의 눈치를 볼 수밖에 없는 상황이 되었지요. 게다가 프랑스나 이태리 본국의 기술자 인건비가 높아 제3국에서 저비용으로 생산을 하게 되다 보니, 품질도 예전과 같지 않습니다. 그런데도 명품 사랑은 도무지 식을 기세가 보이지 않네요.

최근에 여성들을 대상으로 왜 고가의 명품 브랜드 제품을 구매하는가에 대해 인터뷰한 적이 있습니다. 어떤 40대 여성이 말하기를 명품은 다른 제품과는 달리 평생 A/S가 가능하기 때문이라고 답하더군요. 우리나라 소비자들이 A/S를 구매 후 '무료' 수리 서비스라

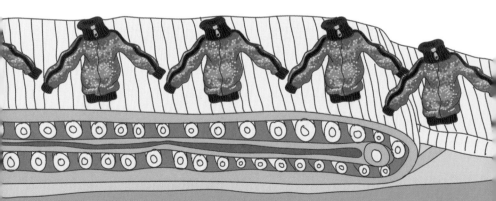

고 생각한다는 것을 감안하면 이것은 사실이 아닙니다.

얼마 전 우연히 도움을 준 것에 대한 답례로 지인으로부터 루이비통 손지갑을 선물받았습니다. 그런데 사용한 지 한 달도 안 되어 신용카드를 꽂는 포켓의 연결 부위가 끊어졌습니다. 튼튼하고 견고해서 100년은 족히 사용할 수 있다고 들었는데, 어이가 없었지요. 루이비통 매장으로 가서 수리를 요청했습니다. 그랬더니 수리비로 38만 원을 내라고 하더군요. 배보다 배꼽이 더 큰 격이라 그냥 돌아올 수밖에 없었습니다.

현재 우리나라에서 명품 A/S는 그리 쉽지 않습니다. 구매한 점포에서만 수리를 신청할 수 있지요. 유럽 본사의 유통망 관리가 엉망이기 때문입니다. 유럽 본사에서는 제품을 어떻게든 많이 팔기 위해 여러 판매자를 통해 제품을 공급합니다. 소규모 비공식 수입업자에게 팔기도 하고, 공식 수입업자에게 제품을 공급하기도 합니다. 공장 관리를 소홀히하여 제품 일부가 불법으로 유출되기도 하고요.

문제는 제품을 여러 판매자에게 공급하고 나서 판매자에게 수리 서비스에 대한 모든 책임을 함께 떠넘긴다는 점입니다. 수리의 책임은 분명 제품을 만든 본사에 있는데도 판매자에게 수리를 해 주라고 합니다. 그러니 판매자 입장에서는 자신이 판매하지 않은 제품에 대해서 수리 서비스를 제공할 이유가 없지요. 게다가 판매자가 수리 서비스를 제공할 수 없는 소규모 업자라면 아무리 진품이어도 수리 서비스는 제공되지 않습니다. 정말 말도 안 되는 일입니다.

소비자는 어디서 제품을 구매하건 간에 제품에 하자가 있는 경우 수리 서비스를 받을 수 있는 권리가 있습니다. 그러나 명품 제조사의 행태가 이러다 보니 피해를 보는 것은 소비자입니다. 소비자의 불만이 커지는데도 왜 유럽의 명품 제조사들은 수리 서비스를 제공하지 않는 걸까요?

한국 시장은 떠오르는 또는 주목받는 차세대 시장이고 명품업체들에게 많은 수익을 창출해 주는 고마운 시장입니다. 그러나 그들은 한국 시장을 타 선진국과 비교하여 성숙된 소비문화가 형성되어 있다고 보지 않습니다. 양질의 서비스를 제공하지 않아도 매출이 잘만 발생하거든요. 한국 소비자들의 맹목적인 소비력은 땡큐이지만, 존중하고 있지는 않은 것이지요. 만약 한국의 소비문화가 무시하지 못할 수준에 있다면 그들도 체계적인 서비스를 제공하기 위해 노력할 겁니다. 그들이 한국 시장을 하향평가 하지 못하도록 소비문화 수준을 높여야 하겠습니다.

국가를 알리는
브랜드

엄마들 사이에서 무척이나 인기 있는 식기 브랜드가 있습니다. 로얄 코펜하겐이라는 덴마크 브랜드인데요. 웬만해선 구매하기 어려운 고가의 해외 브랜드입니다. 로얄 코펜하겐은 전 세계인에게 덴마크라는 국가를 알리는 데 일등공신 역할을 하였습니다. 덴마크인들은 로얄 코펜하겐을 국가를 대표하는 브랜드로 여기고 커다란 자부심을 갖고 있습니다. 한국에서는 덴마크 대사관이 로얄 코펜하겐의 마케팅 활동을 적극적으로 지원할 정도로 덴마크는 국가 차원에서 그 브랜드를 통해 국가의 이미지를 세계에 널리 알리고자 노력하고 있지요.

루이까또즈는 무너져 가는 해외 유명 브랜드를 인수하여 성공시킴으로써 한국의 이미지를 제고한 사례입니다. 루이까또즈는 원래 1980년에 탄생한 프랑스의 유명 고급 패션 브랜드입니다. 1990년 전용준 대표는 루이까또즈 브랜드를 국내에 들여와 제품을 만들

고 유통하기 시작했습니다. 당연히 브랜드 이름을 빌려 쓰는 대가, 즉 라이센싱 비용을 프랑스에 지불해야 했지요. 고급 브랜드가 거의 전무했던 당시, 전 대표는 업계 최초로 플래그십 스토어(브랜드의 대표 매장으로 고객들에게 브랜드의 이미지와 정체성을 알리는 것을 목적으로 함)를 열어 고급 브랜드 또는 명품에 대해 적극 알렸습니다. 이후 다양한 마케팅 전략으로 루이까또즈는 한국 시장에서 고급 패션 브랜드의 선두 주자가 되었지요.

2006년 세계 경제의 침체로 프랑스 본사의 재정이 악화되자 결국 이 콧대 높은 브랜드는 전용준 대표에게 브랜드의 미래를 맡깁니다. 유럽의 브랜드가 존재감 없는 한국이라는 나라에 브랜드를 팔다니, 예전 같으면 생각할 수도 없는 일이었을 겁니다. 이후 전 대표는 루이까또즈를 인수하여 오히려 프랑스에 역수출하게 됩니다.

이처럼 자국의 기업가와 브랜드가 국가의 위상을 높이는 것이 현실인데도, 이상하게 우리나라 소비자들은 우리나라 기업이 만든 브랜드를 경시하고 해외 브랜드에 대해 더 많은 가치를 부여하는 경향이 있습니다. 전 세계적으로 인정받고 있는 삼성전자, LG전자, 현대자동차 등의 기업들은 대한민국의 경제를 이끌어 갈 뿐 아니라 전 세계에 대한민국이라는 나라를 알리는 데 매우 중요한 역할을 하고 있습니다.

과거 많은 세계인들이 북한과 남한을 구별하지 못할 정도로 한국은 존재감이 없었습니다. 1988년 올림픽을 치를 때에야 알게 된 정도였지요. 미국에서 유학생활을 할 때 기아자동차의 판매원을 만난 적이 있는데, 본인이 팔고 있는 차가 북한에서 만들어졌다고 알고 있더군요. 판매원조차 한국이라는 나라에 대해 알지 못한다는 사실이 서글펐지요. 그러나 지금 대한민국의 위상은 크게 달라졌습니다. 한국의 많은 기업들이 세계 시장에 뛰어들었고 전 세계인들이 원하는 제품을 만들어 내고 있습니다. 미국인들은 삼성전자와 한국을 자연스럽게 연결 지어 생각합니다.

대한민국의 자랑스러운 글로벌 브랜드의 위상과 인기는 해당 제품이 매장 내 어디에 위치해 있는가를 보면 잘 알 수 있습니다. 미국에는 베스트바이Best Buy라는 전자제품 전문매장이 있습니다. 우리나라로 치면 하이마트 같은 건데 규모는 이마트나 홈플러스 정도로 상당히 큽니다. 베스트바이는 미국인들이 가전제품을 구매하기 위해 가장 많이 찾는 매장입니다.

ROYAL COPENHAGEN

로얄 코펜하겐, 한국의 五오색을 담다
Royal Copenhagen embraces Korean Obangsaek

2013.5.17 Fri. ~ 5.23 Thu.

'로얄 코펜하겐, 한국의 五오색을 담다'라는 제목 하에 열린
전시회 모습. 덴마크와 한국의 문화 교류전 형식을 띄었으며,
덴마크 주한대사가 참석해 로얄 코펜하겐이 덴마크의 대표
브랜드임을 널리 알렸다. ©로얄 코펜하겐

노리개 장식과
매듭 장식을 입은 제품

과거 이 매장에서 한국 제품의 위상은 그리 높지 않았습니다. 매장 구석진 곳에 할인제품으로 전시되어 있거나 다른 제품들과 구분 없이 일렬로 배치되어 있었지요. 그러나 최근 베스트바이 매장에 들어서면 가장 먼저 보이는 것이 삼성과 LG 제품들입니다. 매장 입구에서 가장 잘 보이는 정중앙에 대표 상품으로 전시되어 있지요. 상점에서는 잘 팔리는 제품을 소비자들의 눈에 잘 띄는 곳에 배치하기 마련입니다. 그만큼 우리 제품이 인기가 많다는 뜻입니다. 많은 미국 소비자들이 세탁기, 냉장고, 핸드폰 등의 전자제품은 무조건 삼성과 LG를 떠올립니다.

그런데도 국내 소비자들은 우리 기업에 대해 긍정적으로 말하는 것을 금기시하는 것 같습니다. 우리만의 독특한 소비자 문화(?)라고 할까요? 외국인들이 "우아~ 너희 나라에서 만드는 삼성 제품 최고야!"라고 말하면 시큰둥하게 반응합니다. 오히려 험담을 늘어놓기도 하고요. 오죽하면 예전에 알고 지내던 미국인 친구가 제게 이렇게 물었을까요. "너희 나라 사람들은 좀 이상해. 왜 너희 나라 기업에 대해 굳이 나쁘게 말하는 거지?"

아마도 해외에 진출한 대기업들이 주로 재벌(엄청난 자본을 축적한, 일가친척으로 구성된 기업 집단)의 기업 구조를 가지고 있기 때문일 겁니다. 왠지 삼성전자를 옹호하는 것은 이건희 회장과 그의 가족들을 옹호하는 것처럼 인식되는 것이지요.

그렇지만 우리가 나서서 한국의 이미지를 깎아내릴 필요는 없습니다. 대기업의 경영방식이 항상 옳다고 주장하는 것이 아니에요. 다만, 우리나라 기업뿐 아니라 세계 어느 기업이든 내부에 문제가 있고 그러한 문제가 국가의 경제와 사회에 영향을 미치는 것이 사실이지만, 다른 나라 국민들은 자국의 기업에 대해 험담을 늘어놓는 일이 좀처럼 없다는 걸 말하고 싶은 겁니다. 자국의 국민들이 자랑스러워하지 않는 기업이 다른 국가의 국민들에게 지속적으로 사랑받을 수 있을까요?

기업에 대한 부정적인 인상은 한국 이미지에 부정적인 영향을 줍니다. 내가 밖에서 잘못된 행동을 했을 때 나뿐만 아니라 부모님까지 나쁜 평가를 받게 되는 것과 같습니다. 그러므로 굳이 다른 국가의 소비자들에게 발 벗고 나서서 험담을 해 댈 필요는 없다고 봅니다. 우리나라 대기업들이 사회의 법 테두리를 벗어나는 일이 빈번한 건 사실입니다. 소비자

이기 이전에 국민으로서 감시자의 역할을 게을리해선 안 되겠지요. 그러나 그들이 이루어 놓은 기술적 발전까지도 깡그리 폄하하는 것은 옳은 태도가 아니라고 생각합니다.

브랜드는 원산지(제품이 생산되는 장소) 즉 국가를 나타내기도 합니다. 국가의 위상이 브랜드에 힘을 실어 주기도 하고, 반대로 브랜드가 국가의 위상을 높여 주기도 합니다.

혹시 외국인을 만날 기회가 있다면 우리나라 기업들에 대해 당당하게 자랑하세요. 우리나라 기업과 브랜드는 자부심을 가질 만한 가치가 충분합니다.

CHAPTER 3

제품 이야기

"

마케팅에서 가장 중요한 것은 역시 제품이다. 가려운 데를 긁어 주는 제품만큼 소비자의 마음을 움직이는 것도 없다. 그러나 필요를 해결해 준다고 다 좋은 게 아니고, 판매한다고 다 제품이 아니다. 그중에는 소비자의 몸과 마음을 해치는 유해한 것들도 많다.

"

서비스도 제품

제품은 손으로 만지거나 눈에 보이는 것만을 의미하지 않습니다. 제품의 형태는 여러 가지일 수 있는데요, 여러분이 많이 사용하는 이동통신 서비스도 제품의 한 유형이라고 볼 수 있습니다. 이처럼 물리적으로 확인이 가능하지 않은 제품을 '서비스'라고 하지요. 놀이공원도 스릴과 즐거움이라는 '서비스'를 팝니다.

강남 압구정동 현대아파트 안에는 이색적인 과일가게가 있습니다. 바로 '총각네 야채가게'입니다. 총각네 야채가게는 강남의 핵심이라고 할 수 있는 대치동에 처음 문을 연 이후 전국에 200개가 넘는 점포를 운영하고 있습니다. 그런데 그들이 파는 것은 야채와 과일뿐만이 아닙니다.

압구정동에는 그야말로 잘나가는 현대백화점도 있고, 조금 저렴한 대형마트도 있습니다. 그런데 부잣집 사모님들은 백화점과 마트

©총각네 야채가게

"우리는 야채를 팔지 않는다. 내 마음속의 즐거움을 판다."
대표 이영석 씨의 말대로 총각네 야채가게는 언제나 생기가 넘친다.

를 두고 동네의 작은 야채가게에 갑니다. 한때 이곳은 엄마들을 '누님'으로 모셨습니다. 20대 초반에서 중반으로 보이는 젊은 청년들이 30대에서 60대 주부 고객들을 모두 '누님'이라고 불렀습니다. 어머니뻘 되는 분들도 무조건 누님입니다. 바로 이 누님 대접에 여성 고객들의 발길이 끊기질 않았지요. 대체 '누님'이 어떤 의미이기에 여성 고객들이 그 가게를 찾은 걸까요?

우리 엄마들의 생활을 한번 살펴봅시다. 엄마는 아침 일찍 일어나 아이들 학교 보내고 남편 출근시키는 걸로 매우 정신없는 하루 일과를 시작합니다. 다들 나가고 나면 대부분의 시간을 혼자 보내게 되지요. 남편은 야근이나 회식으로 밤 10시 이후에 귀가하는 게 예삿일이고, 아이들은 학원에서 밤늦게 돌아오니 가끔 간식 챙겨 주고 공부하라고 다독이는 것 외에는 얼굴을 마주할 시간이 많지 않습니다. 어쩌다 대화를 나누고 싶어도 아이들은 엄마가 잔소리한다며 대화를 거부합니다. 이래저래 외로울 수밖에요. 부잣집 엄마들도 마찬가지지요. 요리학원도 다녀 보고, 문화센터에 등록해 자신을 바쁘게도 만들어 보지만, 어느 것도 위안이 되지 않습니다. 외로움은 '관계'를 통해서 채워지기 때문이지요.

실제 총각네 야채가게의 이영석 대표가 그러한 마음을 읽었는지는 모르겠습니다. 그러나 적어도 '누님'이라는 작은 호칭은 하루 종일 혼자 있는 전업 주부들에게는 커다란 위로가 됩니다. 주부 고객들에게 있어서 '누님'은 왠지 모를 야릇한 그리고 수줍은 감정을 떠올리게 합니다. 연하남에 대한 환상, 나를 여자로 봐 주는 것 같은 느낌 등은 엄마들의 외로운 감정을 자극하지요. 이곳에 가면 잠깐 동안이나마 위안을 얻을 수 있습니다. 화장도 제대로 안 하고 제대로 차려입지도 않은 나에게 친근하게 누님이라고 불러 주니까요. 게다가 깐깐하게 따지고 가격까지 흥정하려고 하는 나의 비위를 서글서글하게 맞춰 주기도 하지요. 남편 같았으면 벌써 짜증 냈을 텐데 이 젊은이들은 내가 깐깐하게 구는 것을 귀찮아하지 않습니다. 총각네 야채가게는 이러한 엄마들의 외로움에 감성적으로 다가서서 성공한 곳입니다. 이처럼 기업은 물리적인 제품만을 판매하는 곳이 아닙니다. 소비자들이 아파하는 것, 즐거워하는 것, 부족해하는 것들을 찾아 채워 주는 '서비스'를 판매하기도 합니다.

감성적 접근이 주효한 걸 알기에 기업들은 소비자의 감성을 적극 공략합니다. CJ 홈쇼핑의 경우, 옥매트를 판매할 때 '불효자는 웁니다'를 배경음악으로 흘렸더니 이전보다 매출이 두 배 이상 뛰었다고 하지요. 판매할 제품을 결정하고 관리하는 머천다이징룸MD room이 워룸war room. 전쟁의 방이라고 불릴 만큼 그곳에선 소비자들의 마음을 움직일 방법을 치열하게 연구하고 있습니다.

마음이 몰랑몰랑해지고 눈꼬리를 내리게 하는 광고 카피들.
이래서 소비에는 '이성'이 필요하다고 하나 보다.

"

여보, 아버님 댁에 보일러 놓아 드려야겠어요
– 경동보일러

비 오는 날, 시동을 끄고 30초간 늦게 내려 볼 것,
쏘나타는 원래 그렇게 타는 겁니다
– 쏘나타

말하지 않아도 알아요
– 초코파이 정

풀려라 4천8백만, 풀려라 피로
– 박카스

쉬고 싶다, 목마르다, 몸이 하는 말은 듣지 않은 채
우린 너무 건조하게 살아가고 있다
– 포카리스웨트

"

소비자를
죽이는 제품

　모든 기업이 소비자들이 필요로 하는 제품을 만들고 판매하는 것은 아닙니다. 인간에게 해가 되거나 사회 전반에 악영향을 미치는 제품을 만들고 판매하는 기업들도 있습니다. 수만 가지의 화학물질로 폐암을 안겨다 주는 담배나, 각종 무기로 사람을 죽이는 방법을 배우는 파괴적인 게임 서비스 등 우리 사회에서는 소비자가 알아차릴 수 없도록 아주 조금씩 조금씩 소비자의 건강을 위협하고 있는 제품과 서비스가 버젓이 판매되고 있습니다. 이러한 제품을 판매하는 기업들을 정크 기업 Junk Company 이라고 말하고 싶습니다.

　이들을 '정크 쓰레기, 쓸모없는 물건'라고 정의한 이유는 제품의 성격 때문만은 아닙니다. 이들이 여러분과 같은 어린 소비자들을 다수 겨냥하고 있다는 점이 더 심각합니다. 어른들은 자신들이 어떤 제품을 선택하고 소비할 것인가에 대한 판단 능력이 있고, 자신의 소비에 책임을 질 수 있습니다. 그러나 어린 소비자들은 정보를 걸러 내는 능력을 아직 갖추지 못했습니다. 합리적인 의사 결정 능력도 그렇고요. 그러니 정크 기업들이 어린 소비자를 공략하는 것은 야구를 잘하는 사람과 할 줄 모르는 사람이 만나 경기를 하는 것과 같은 상황이라고 할 수 있습니다.

담배는 이제 그냥 담배가 아닌 에세, 더원, 레종, 타임, 클라우드9, 심플 등 다양한 성격을 가진 브랜드로 출시되고 있습니다. 제품마다 향이나 맛, 니코틴의 양이 다르다고 합니다. 왜 그럴까요? 왜 담배 광고에는 서태지와 같이 당시 10대들이 좋아하는 유명 연예인들이 등장했던 걸까요? 왜 담배 포장에 귀여운 고양이 그림이 그려져 있는 걸까요? 판매 대상이 성인이 아닌 청소년이나 대학생이기 때문입니다. 설마 우리들의 아버지께서 고양이 그림의 담배를 원하지는 않으시겠지요. 담배 회사가 젊은 소비자들의 취향에 맞추어 제품을 바꾸고 있는 것입니다. 아직 담배가 무엇인지, 흡연을 하면 어떤 문제가 생기는지 명확히 지각하지 못하는 여러분들을 상대로 담배를 파는 겁니다.

10대들이 담배를 시작하는 동기는 매우 단순합니다. 담배를 피우는 친구가 멋져 보여서, 어른처럼 보이고 싶어서, 담배를 피우면 친구들이 나를 동경할 것 같아서…. 그러나 담배를 피우면 멋있어 보인다는 생각은 담배 회사가 만들어 낸 허상입니다.

미국에 전 세계적으로 유명한 필립 모리스라는 담배 회사가 있습니다. 이 회사는 '말보로'라는 담배를 출시하고 광고 속에 근육질의

담배에 대한 환상을 심어 준
필립 모리스의 말보로.
환상은 환상일 뿐, 오해하지 말자.

말보로맨을 등장시켰습니다. 말보로를 피우면 없던 근육도 생기고 힘도 세질 것이라는 암묵적 메시지를 전했지요. 남성미가 부족하다고 느끼는 남자들은 너나 할 것 없이 말보로를 피우며 마치 자신이 근육질의 남성이 된 것 같은 환상에 젖어들었습니다. 이렇게 담배는 남성성의 상징이 되었습니다. 광고 하나로 담배에 대한 환상을 심은 것이지요. 그러나 이후 담배가 인체에 미치는 치명적인 영향이 알려지면서 더 이상 담배는 남성성의 상징도, 그 무엇도 아니게 되었습니다.

담배를 피우면 사람들이 '멋지다'라고 평가해 줄 거라는 생각은 착각입니다. 오히려 간접흡연으로 타인에게 피해를 주는 사람으로 비추어지지요. 친구들은 담배를 피우는 나를 우러러보기보다는 그렇게라도 자신을 드러내고 싶어 하는 '뭔가 부족한 아이', '자신감이 결여된 아이'로 볼 수 있습니다.

 청소년들이 전쟁, 살인, 폭력이 난무하는 게임을 좋아하는 이유는 무엇일까요? 누군가를 죽이고 싶은 살인 심리가 존재하기 때문입니다. 나보다 공부를 잘하는 친구, 나에게 매일 친구들과의 경쟁에서 승리하기를 강요하는 부모님과 선생님, 이 모두를 없애버리고 싶은 파괴적인 생각이 나의 내면 깊이 자리 잡고 있는 겁니다. 온라인게임 속에서 나는 최신식 무기로 상대방을 무참히 살해하고 승자가 될 수 있으며 성취감을 만끽할 수 있습니다.

 살인 심리가 유독 우리나라 청소년들에게서 강하게 나타나는 이유는, 심화된 경쟁 구도 때문이지요. 친구는 내가 기댈 수 있고 어려움을 토로할 수 있는 대상이 아닌, 내가 이겨야 할 경쟁 상대입니다. 나의 반 등수가 떨어졌다는 것은 누군가 나를 누르고 내 위에 올라섰다는 것을 의미합니다. 나는 열심히 했는데 그 아이들이 원망스럽고 미울 뿐입니다. 할 수만 있다면 그들을 없애고 싶은 생각이 무의식적으로 형성됩니다. 자신도 모르는 사이, 뇌의 잠재 영역 속에 깊게 뿌리 내리게 됩니다.

 현실에서 느낄 수 없는 성취감과 승리감은 더욱 온라인게임에 매

달리게 만듭니다. 게임의 결과는 득점과 실점, 또는 승자와 패자를 가릅니다. 수학 시험에서 1점 올리기는 어려워도 온라인게임에서 수백, 수천 점을 획득하는 것은 쉽지요. 노력의 수준도 다릅니다. 수학 시험을 몇 점 올리려면 엄청나게 노력해야 하지만, 온라인은 노력에 비해 쉽게 승리를 거둘 수 있는 가상공간이지요.

암울한 현실에 대한 탈출구가 딱히 없는 것도 10대들을 더욱 게임에 빠져들게 합니다. 그러다 보면 현실과 가상의 세계를 혼동할 정도가 되지요. 그렇게 해서 뭐라도 해소가 된다면 좋겠지만 폭력이 난무하는 게임에 자주 노출되면 폭력성만 강화될 뿐입니다.

폭력적이지 않은 게임을 만들면 되는 것 아니냐고요? 물론 많은 게임 회사들이 폭력성 없는 공상과학이나 건축, 스포츠, 패션을 주제로 게임을 만들기도 합니다. 그렇지만 여기에도 함정이 있습니다. 여러분이 좋아하는 게임들, 한번 시작하면 멈추기 쉽던가요? 학교에서도 애니팡의 동물들, 마인크래프트의 다이아몬드가 머릿속을 지배하지 않던가요? 중독 상태로 이어지는 것은 시간문제이지요.

게임 회사는 많은 청소년들이 이미 게임을 단순히 즐기는 수준이 아니라 중독되어 있다는 것을 알고 있습니다. 더 나아가 중독이 되지 않은 상태의 청소년들을 중독시키기 위해 전략적으로 접근합니다. 요즘 제 딸이 빠져 있는 스마트폰 어플리케이션 게임 중 하나는 매일 접속할 때마다 '출첵'용으로 단추(게임머니 같은 것)를 줍니다. 유저들은 이 단추를 받으려고 하루도 빠짐없이 게임에 접속하려 합

우리나라 청소년의 온라인게임 중독은 세계 최고. 억압된 심리와 파괴 심리를 온라인게임을 통해 간접적으로 해소하고 있다.

니다. 단추가 있어야 필요한 아이템을 구매할 수 있으니까요. 이처럼 게임 회사들은 아이들이 게임을 '습관'적으로 할 수 있도록 여러 장치를 마련합니다.

소비자들의 습관적 소비는 기업에게 있어서 매우 중요한 부분입니다. 그래서 게임 회사들은 밥을 먹지 않으면 하루의 리듬이 깨지듯, 게임을 하지 않으면 인생이 허무하다고 느끼게 만듭니다. 그들은 18세 인증을 받아야 한다는 게임조차 중고등학생들이 몰래 이용한다는 것도 알고 있고, 오히려 그 연령층에 더 인기가 있다는 것 또한 알고 있습니다. 사실을 알고도 모른 척하는 이유는 청소년들을 포기할 수가 없기 때문입니다. 중요한 수입원이니까요. 청소년들은 성인에 비해 게임에 쉽게 자극받으며, 더 많은 시간을 게임과 함께 보냅니다. 바쁘긴 해도 맘만 먹으면 게임 할 시간을 만들 수 있습니다.

이렇게 청소년들을 대상으로 한 게임 회사들의 마케팅 활동은 정상적이라고 할 수 없습니다. 경영학에서는, '정상적'인 마케팅 활동은 사회에 무리를 일으키거나 약자를 이용해서는 안 된다고 말합니다. 그런데도 비정상적인 마케팅 활동이 특히 게임 회사에서 빈번하게 발견되는 이유는, 게임 개발자들이 정상적인 마케팅에 대해 교육받지 않았기 때문입니다. 대부분 기술적인 지식만으로 게임을 만들어 사업을 하기 때문에 어떤 식으로 게임을 만드는 게 바람직한 것인지 미처 생각하지 못합니다.

가끔 수업 시간에 학생들이 온라인게임 서비스로 막대한 수익을

흡연매너 캠페인 **픽토그램** 공모전

"당신의 착한 상상이 대한민국 흡연매너를 바꿉니다."

낸 회사를 '마케팅 성공 사례'라며 발표할 때마다 안타까움을 감출 수가 없습니다. 각종 무기로 사람을 죽이는 살인적 인터넷 게임이나 아직 판단 능력이 형성되지 않은 10대들을 상대로 '중독성' 게임을 개발하는 기업이 성공했다뇨!! '성공'의 정의가 과연 기업의 성장과 규모인 것일까요? 기업은 당연히 이윤을 내어야만 존재할 수 있지만, 그 이윤이 소비자의 몸과 마음을 병들게 해서 얻은 것이라면? 그것은 진정한 성공이라고 말할 수 없습니다. 이는 마치 마약을 팔아 수많은 이윤을 남기고 성공했다고 말하는 것과 같습니다.

더욱 아이러니한 것은 비사회적인 기업들이 오히려 사회를 돕겠다며 다양한 사회공헌 활동을 한다는 것입니다. 수익의 일부를 불우한 이웃을 위해 나누어 주는 것이지요. 담배를 팔아 번 돈으로 암 연구재단에 연구비를 기부한다거나, 청소년 흡연 예방 캠페인 활동을 벌인다거나, 흡연 예절에 대한 공익광고를 하기도 합니다. 게다가 브랜드 이미지 관리를 하겠다면서 더 좋은 사회를 주장하는 광고를 하고 있습니다. 이러한 기업들은 정말 더 좋은 사회를 만들고 싶은 걸까요?

제품이라고
다 같은 제품이 아니다

여자의 90퍼센트는 자신이 뚱뚱하다고 생각하는 반면에 남자의 70퍼센트는 자신이 잘생겼다고 생각한다는 얘기가 있습니다. 우스 갯소리 같지만 사실입니다. 여자는 외모에 대해 일반적으로 자신감이 없어요. 자신의 몸에 대한 주관적 인식을 바디이미지body image라고 하는데, 여성의 바디이미지는 남성보다 매우 부정적입니다. 실제로 체형이 매우 건강하고 늘씬한데도 자신이 뚱뚱하다고 생각하는 여성이 많습니다. 따라서 여성 소비자의 경우, 매장에서 자신이 생각하는 것보다 큰 사이즈를 추천받으면 기분 나빠하며 구매를 하지 않습니다. 반면에 남성은 신체나 외모에 대해 거리낌이 없기 때문에 원래 입던 치수보다 더 큰 치수를 추천받았을 때도 쉽게 받아들이는 편입니다. 이러한 이유로 여성의 외모와 관련된 제품이나 서비스를 판매하는 기업은 고객에게 주의 깊게 접근하지요. 의류 매장이라면, 여성 고객의 외모를 칭찬해 주는 방식으로 항상 자신의 몸에 대해 불안해하는 고객을 안심시키려 합니다.

외모에 대한 민감함은 어른이나 학생이나 큰 차이가 없습니다. 오히려 여러분 때가 더 민감할 수 있지요.

제 친구의 딸아이는 이제 초등 고학년인데 '요즘 살이 쪄서 큰일'이라는 말을 입에 달고 삽니다. 용돈의 상당 부분을 외모 꾸미는 데 쓰고요. 이 아이에게 물어보니까, 자기 친구들 중에 화장 안 하고 다니는 애가 없다고 하더군요. 지금도 예쁜데 굳이 화장을 하는 이유가 무엇인지 넌지시 물었습니다. 너무 자신감이 없는 것 아니냐고요.

그랬더니 외모도 경쟁력이라고 답하더군요. 남자들이 여자를 볼 때 외모를 제일 중요하게 생각하지 않느냐고요. 드라마에서 캔디 같은 여주인공이 실장님이나 본부장님 만나서 해피엔딩으로 끝나는 것도, 여주인공이 예쁘니까 가능한 것 아니냐고요. 드라마는 현실을 반영한다는데, 현실이 이러니 어떻게 외모에 집착하지 않겠느냐고요. 너무 웃기면서도 고개가 끄덕여지는 말이었습니다.

사람들이 어떤 기준으로 여자를 보는가는 여자들에게 매우 중요한 문제입니다. 내가 사회적으로 인정받을 수 있는가 없는가가 결정되니까요. 나의 존재 가치가 외모에 의해 결정된다고 믿게 되면, 자신의 외모를 업그레이드해 줄 화장품이나 성형수술에 관심을 갖는 것은 어찌 보면 당연합니다.

조금 더 얘기를 나눠 보면서 10대 여학생들의 생각을 간접적으로 알 수 있었습니다. 대한민국의 극심한 경쟁 구도는 어제, 오늘의 이야기가 아니지요. 무엇이 됐든 이기거나 앞서야 인정받을 수 있는 분위기예요. 그중에서도 성적과 외모가 가장 중요시되고 있지요. 공부를 잘하거나 혹은 예쁘거나.

그런데 공부는 어렵고 웬만큼 해서는 인정받기도 쉽지 않아요. 반면, 외모를 가꾸는 건 그보다는 재미있고 노력한 결과도 눈에 띄게 나타납니다. 아이라인을 했더니 눈이 더 커 보이지요, 물광 비비를 발랐더니 반짝반짝 윤이 나지요, 틴트 하나 발랐을 뿐인데도 얼굴 윤곽까지 살아납니다. 예쁘다, 피부가 장난이 아니다, 오늘은 뭔가 달라 보인다 등등 주변 사람들이 한마디씩 던지며 관심을 가지니 화장품의 유혹에서 벗어나기 어렵지요. 아니 벗어나고 싶지도 않지요.

화장품 쓰는 걸 비난하거나 화장품을 쓰지 말라는 현실에 맞지 않는 얘기를 하려는 것이 아닙니다. 외모 경쟁력은 현대 사회에서 매우 중요하고 그 사실은 부정할 수 없습니다. 첫인상이 중요한 대학 입시나 취업 면접에서도, 이성과의 만남에서도, 학교에서도, 외모는 너무나 중요하게 여겨지고 있으니까요. 다만 문제는 어떤 화장품을 어떻게 쓰는가에 대해 잘 알지 못하고 맹목적으로 화장을 하는 경우가 많다는 점입니다. 제조사를 알 수 없는, 문구점에서 파는 장난감 같은 화장품을 사서 쓰다가 얼굴에 부작용이 나서 고운 얼굴이 엉망이 되는 일이 흔합니다.

저는 대학 입학 시험을 치른 그해 겨울, 귀를 뚫었습니다. 그런데 싼 맛에 집 앞 화장품 가게에서 소독도 제대로 되지 않은 바늘로 귀를 뚫었더니 부작용이 일어났습니다. 하루가 지나자 바로 귀에 염증이 생기고 고름이 나오기 시작하더니 귀에서 얼굴로 옮아가 얼굴 전체에 열꽃과 같은 붉은 반점이 생기면서 엉망이 되었습니다. 두세 달이 지나도 쉽게 호전되지 않았지요. 한창 대학 생활을 만끽해야 할 즈음 저는 미팅이나 소개팅을 포기하고 피부과에 다니면서 치료를 받아야 했습니다.

이왕에 예쁘게 얼굴을 치장할 것이라면 여러분의 어린 피부에 맞는 좋은 화장품을 고르는 것이 중요합니다. 그런데 안타깝게도 시중에 판매되고 있는 화장품들은 대부분 성인들의 거친 피부에 맞게 만들어졌기 때문에 10대들이 사용하면 부작용이 생기거나 여드름이 나는 경우가 많습니다. 현재 화장품 회사들은 새롭게 떠오른 메트로섹슈얼(패션과 외모에 관심 많은 남성들)을 위한 화장품을 만드느라 10대를 위한 화장품에 대해서는 크게 고민하고 있지 못하는 것 같습니다. 현재로서는 어떤 성분이 들었는지, 최대한 자연 성분으로 만들었는지, 피부전문의의 검증을 거친 제품인지 확인하고 부작용에 대한 제품 사용 후기 등을 잘 살펴본 후 나에게 맞는 화장품을 구매하는 것이 최선입니다. 나는 소중하니까요!

특별한 날,
특별한 제품

삶은 매일 똑같은 일의 반복입니다. 정해진 시간에 일어나서 밥을 먹고 학교에 갑니다. 하루 종일 책상에 앉아 수업을 받다 보면 또 학원에 가야 할 시간이 됩니다. 만나는 친구들도 매일 똑같지요. 바쁘긴 한데 매우 단조로운 하루입니다. 삶에 변화가 생기길 바라고, 변화까지는 아니어도 뭔가 작은 이벤트 같은 걸 바라게 되지요.

그런 의미에서 발렌타인데이, 화이트데이, 만우절, 어린이날, 스승의 날, 성년의 날, 할로윈, 빼빼로데이 등은 단조로운 일상에 특별한 추억을 남길 수 있는 '거리'를 제공해 줍니다. 놀 거리를 찾고 있는 사람들에게 이런 특별한 날은 기회가 됩니다. 무엇인가를 함께 즐기거나 주고받으면서 지인과의 관계를 돈독하게 할 수 있지요. 아마 이러한 날들이 없다면 가뜩이나 팍팍한 삶이 꽤나 단조로울 겁니다.

미국에서도 발렌타인데이는 커다란 축제의 날입니다. 선생님, 학생, 부모, 자식, 연인 등의 특별한 관계를 서로 확인하거나 새로운 출발의 계기로 삼지요. 그런데 미국은 특별한 날이라고 해서 제품이 특별히 비싸지는 않습니다. 기업은 다른 날들에 비해 수익이 많아 좋고, 소비자들은 소중한 사람들과 선물을 주고받으며 함께 기뻐할 수 있어 좋지요.

그런데 참 이상하죠. 우리나라는 무슨 '데이'만 되면 기업들이 기존 제품의 가격을 평소보다 높게 책정하여 추가적인 폭리를 취합니다. 발렌타인데이만 되면 초콜릿 가격이 올라갑니다. 얼마를 제시해도 그날을 기념하기 위해서라면 사람들이 어쩔 수 없이 구매할 것이라는 확신을 가지고 있기 때문입니다. 그러다 보니, 기업이 불필요하게 소비를 조장하고 있다며 부정적인 시선을 보내는데요, 정말 기업만의 책임인지 생각해 봤으면 좋겠습니다.

특별한 날, 받는 사람은 뭔가 다르고 큰 것을 기대합니다. 주는 사람은 또 받는 사람의 기대에 부응하기 위해 특별한 것을 구매하기 원합니다. 초콜릿을 예로 든다면, 대량생산이 아니라 주는 사람의 정성이 담긴 수제 초콜릿이나 대량생산이어도 그 맛과 향이 특별한 것, 포장이 화려한 것, 유명 브랜드의 것 등을 들 수 있겠지요. 실제 소비자 조사를 해 보면, 이 네 조건 중 유명 브랜드에 대한 선호도가 가장 높고, 그다음이 화려한 포장, 맛과 향, 직접 만든 초콜릿 순입니다.

예전엔 직접 만든 게 중요했습니다. 주는 사람이 얼마나 받는 사람을 생각하며 준비했는가, 그것을 상대방이 얼마나 알아주는가가 중요했기 때문이지요. 그러나 이제는 무엇인가를 주고받는 문제가 단순히 둘만의 문제가 아니게 되어 버렸습니다. 받은 사람이나 준 사람이나 다른 사람들에게 자신이 무엇을 주었는지 또는 무엇을 받았는지를 알리고 그에 대한 호응이나 부러움의 시선을 받기를 원합니다. 더 좋은 것을 받기를 바라는 마음과 더 좋은 것을 주기를 바라는 마음은, 다른 사람과 비교될 거라는 생각과 그로 인해 우열이 결정된다는 것을 고려한 일종의 비교·경쟁 심리에서 파생된 것입니다.

이제는 남들한테 인정받을 수 있는 수준이라야 선물이라고 말할 수 있게 되었습니다. 작은 초콜릿 하나에도 상징성이 부여된 것이지요. 그러다 보니 사람들이 알아볼 수 있는 특별한 초콜릿을 찾습니다. 고가 유명 브랜드라면 모든 이들이 그 품질을 암묵적으로 인정해 주기 때문에 굳이 이 초콜릿이 어떤 제품인지 알리지 않아도 되니까요. 만약 브랜드가 따라 주지 못한다면 다른 사람들에게 알리기 편하도록 포장이라도 화려해야 하지요.

기업이 동일한 제품을 갑자기 무슨 날이라고 하여 값을 올렸다면 이는 분명 잘못입니다. 그러나 만약 특별한 날에 걸맞은 포장을 했다거나 하여 소비자들이 원하는 서비스를 제공했다면 그 서비스에 대한 비용을 추가할 수 있습니다. 소비자들도 평소에 늘 보던 빼빼로를 빼빼로데이에 선물하고 싶어 하지는 않으니까요. 그런데 품질의 향상 없이 포장 값으로만 터무니없는 가격을 제시한다면, 기업이 불필요한 소비를 조장하고 있다고 지탄하기 전에 소비자로서 내가 일조한 건 없는지 다시 한 번 돌아볼 필요가 있습니다.

CHAPTER 4

가격 이야기

"

기업들은 일방적으로, 비싸게 가격을 책정한다.
이 말은 참일까? 이상하게 들릴지 모르지만, 가격은 기업 혼자서 일방적으로 정할 수 없다. 소비자와 보이지 않는 딜을 통해 이루어진다. 가격 밀당에 성공하려면, 가격 결정권을 다시 가져오려면 우리는 무엇을 알고, 어떻게 행동해야 하는가?
소비자의 마음을 사로잡기 위한 특별한 가격 정책도 살펴본다. 혹시 눈속임은 없는지, 이제 눈을 부릅뜨고 살펴볼 시간.

"

가격은
어떻게 결정되는가

　고발 프로그램 관련 방송작가들이 제게 가장 많이 문의하는 것 중 하나는 역시나 가격에 대한 부분입니다. 원가(제품을 생산하는 데 드는 제반 비용)는 만 원도 안 되는데 어떻게 3만 원에 파는지, 폭리를 취하는 것은 아닌지 말입니다.

　그러나 가격은 '1+1=2'의 수학 공식처럼 간단하게 결정되는 것이 아닙니다. 제품이 가지고 있는 기능이라는 물리적 속성(속성이란 제품이 가지고 있는 성격을 의미. 일반적으로 소비자들에게 전달되는 이득을 말하기도 함.) 외에도 브랜드의 상징성을 고려해야 하지요.

　화장품을 예로 들어 볼게요. 업계에서 추정하는 화장품의 제품 원가는 대개 제품가의 5퍼센트 정도라고 합니다. 6만 원짜리 랑콤 콤팩트 파우더라면 제품을 만드는 데 드는 비용은 3천 원 정도겠지요. "뭐라고요!!!" 여러분의 아우성이 들리는 것 같네요. 자, 그러면 나머지 95퍼센트는 뭘까요? 랑콤이 말도 안 되는 가격을 매겨 고객을

상대로 사기를 치는 걸까요? 그런 것은 아닙니다. 6만 원짜리 제품을 만드는 데 드는 비용은 3천 원이지만, '랑콤'이라는 브랜드를 여러분들 머릿속에 기억하게 만들기 위해 TV, 신문, 라디오, 패션잡지, 드라마 협찬을 통해 적극적으로 알리는 비용 등이 추가됩니다. TV 광고 한 번 내보내는 데 적게는 백만 원에서 수천만 원이 들어갑니다. 또한 소비자가 쾌적한 환경에서 친절한 안내를 받으며 구매할 수 있도록 매장도 멋있게 꾸며야 하고요, 점원도 예의 바르게 교육시켜야 하지요. 소비자들이 화장품을 바르다가 문제가 생기면 처리해 줄 곳도 마련해야 합니다.

이런 비용들은 더페이스샵이나 스킨푸드 같은 브랜드에서도 똑같이 드는 것 아니냐고 질문할 친구도 있을 거예요. 맞습니다. 그런데 왜 랑콤이 미샤보다 더 비쌀까요?

랑콤은 제품만 아니라 이미지를 함께 팔고 있습니다. 마치 연예인과 같습니다. 가수라면 노래만 잘하면 되는 것이 아니지요. 가수 개개인의 이미지도 있어야 합니다. 소녀시대 멤버라도 써니는 '귀여움'이라는 이미지를, 윤아는 '순수함'이라는 이미지를 주고자 합니다. 랑콤은 미샤와는 달리 '역사', '독창성', '정통성', '성숙함,' '우아함,' '고급스러움' 등의 의미들을 판매하고 있습니다. 소비자들은 추가 비용을 지불하고서라도 그러한 이미지를 구매하려 합니다. 따라서 제품의 가격은 기업이 부여하는 '물리적인 비용'과 소비자들이 부여하는 '제품에 대한 인지된 가치 비용' 즉 상징적 의미를 포함한 것이라고 할 수 있습니다. 이렇듯 브랜드 이미지는 눈에 보이거나 손에 잡힐 수 있는 것이 아니라 '느껴지는 것'이기 때문에 기존의 원가 공식을 사용한다면 절대로 가격을 이해할 수 없습니다.

덧붙여, 만약 브랜드가 가진 상징적 의미가 사회적 지위와 관련이 있다면, 가격은 그 지위에 상응하도록 고가로 책정됩니다. 가격의 높이가 제품에 대한 심리적 거리감에 영향을 주기 때문입니다. 소비자들은 가격이 높으면 높을수록 나와는 거리가 멀고 근접하기 어려운 제품으로 여깁니다. 어른들이 고가의 메르세데스 벤츠를 꿈의 자동차라고 부르는 것도 그러한 이유에서이지요. 마케터들은 일반 소비자가 근접하기 어려운 브랜드를 만들기 위해서 가격에 대해 소비자들이 느끼는 심리적 거리를 재고, 그것을 고려하여 제품 가격을 결정하지요.

뿐만 아니라 사람들은 가격과 품질을 연결시켜 생각하는 심리가 있습니다. 가격이 높으면 품질이 좋을 것이라고 생각하는 반면, 가격이 낮으면 품질도 나쁠 거라고 생각하지요.

품질은 경험해 보지 않고는 알기 어렵기 때문에, 사람들은 구매 전에 품질을 추측할 수 있는 단서들을 찾습니다. 그중 하나가 가격이고요. 가격을 단서로 제품의 품질이 어떠할지를 유추하는 것이지요. 이렇게 가격을 이용해서 품질을 추측하는 심리 현상을 '가격-품질 추론'이라고 합니다. 마케터들은 이 심리에 기반해, 가격을 높게 책정함으로써 품질이 매우 뛰어나다는 것을 암시합니다.

정리하면, 가격은 제품 생산이나 유통 과정에서 발생하는 비용에 따라 책정된다기보다는 제품을 바라보는 소비자의 심리에 의해 결정이 됩니다. 기업은 브랜드의 감성적 또는 상징적 가치를 가격에 포함시킵니다. 또한 제품에 대한 심리적 거리감을 멀게 또는 가깝게 느끼도록 가격의 높낮이를 조절하거나, 품질에 대한 인상을 긍정적으로 형성하기 위해 가격을 높게 또는 낮게 설정합니다.

가격 결정권은
소비자에게

제품의 가격을 결정하는 힘은 누가 가지고 있을까요? 기업일까요, 소비자일까요? 많은 사람들이 기업이 독단적으로 가격을 결정한다고들 합니다. 그러나 이것은 사실과 거리가 있습니다. 가격을 결정하거나 움직이는 힘은 소비자들에게 있습니다. 필요한 제품이나 서비스를 생산하는 기업의 수가 소수이거나 기업끼리 뭉쳐서 가격 담합을 하는 경우는 빼고요. 이러한 특수한 경우를 제외하면 대체적으로 소비자에 의해 가격의 범위가 결정된다고 할 수 있습니다.

예를 들어, 영화표를 5만 원에 판매한다고 해 보세요. 아마 영화한 편을 5만 원이나 주고 볼 사람은 없을 겁니다. 그렇게 되면 영화관은 문을 닫아야 할 거예요. 따라서 영화표의 가격은 영화관을 이용하는 사람들이 영화 한 편을 보기 위해 지불할 수 있는 수준에서결정됩니다. 앞서 얘기했듯이 기업은 철저하게 소비자에 의해 움직이기 때문입니다. 소비자가 찾지 않는다는 것은 곧 문을 닫게 된다는 것을 의미하니까요.

명품은 다르지 않느냐고요? 정말 그럴까요? 원래 명품은 사회적 권력을 가진 고소득자들이 자신을 저소득층과 차별화하기 위해 만든 것이라고 할 수 있습니다. 그러나 전반적으로 국민소득이 증가하면서 예전에는 구매할 수 없었던 명품을 이제는 누구나 한 번쯤은 구매해 볼 수 있는 제품으로 인식하게 되었습니다. 생활비 지출을 줄여서라도 구매하는 경우도 많이 늘었고요.

그런데 누구나 명품 브랜드를 소비할 수 있게 되니까 명품이 내재하고 있어야 할 희소성의 가치와 소비자와의 거리감의 균형이 깨지기 시작했지요. 그러자 충성고객이었던 고소득자들이 외면을 했지요. 루이비통 가방을 들고 다녀도 더 이상 저소득층과 차별화되지 않기 때문입니다. 명품 브랜드 입장에서는 허리띠를 졸라매어 몇 년에 한 번 겨우 구매하는 일반 소비자들이 달갑지 않을 수 있습니다. 하루에도 몇 차례 구매하는 소수의 고소득자들이 더 중요한 고객이지요. 따라서 일반 소비자들의 구매가 늘어날수록 명품 브랜드들은 일반 소비자들이 구매하지 못하도록 점점 가격을 올리는 것입니다. 고소득자들을 놓치지 않기 위해서요.

소비자들은 샤넬 가방이 너무 비싸다고 불평합니다. 그런데 만약 샤넬 가방의 가격이 지금의 반으로 떨어진다면 어떨까요? 구매할 사람이 별로 없을 겁니다. 가격이 저렴해져서 더 많은 이들이 구매하게 된다면, 자신의 사회적 지위를 나타내는 수단으로 사용할 수 없으니까요.

명품 업체들의 고가 정책이 업체들의 독단적인 결정 때문만은 아니라는 것을 알겠지요? 많은 일반 소비자들이 명품을 맹목적으로 구매하고자 한다면 앞서 말한 바와 같이 가격은 지속적으로 상승할 수밖에 없습니다.

하나 더 짚고 넘어갈 게 있는데요, 우리나라가 프랑스, 미국, 일본과 같은 다른 선진국에 비해 명품 가격이 높은 이유는 무엇일까요? 우리나라 소비자들이 명품 구매에 지나치게 열을 올리기 때문입니다. 명품 업체들은 국가별 소비자들의 수요(제품을 구매하려는 사람들

의 수)와 브랜드에 대한 열망, 흥미, 관심, 충성도 또는 경쟁 업체들의 상황 등을 고려하여 가격을 결정합니다. 사고 싶어 하는 사람이 많고 제품에 관심도가 높은 경우 가격을 결정하는 힘은 소비자를 떠나게 됩니다. 기업과의 밀고 당기기에서 실패하는 것이지요. 특히 한국 소비자들은 명품에 빠져 있기 때문에 어떤 가격을 제시하든 구매하려 합니다. 가격을 올리면 올릴수록 더 그러하지요.

가격을 결정하는 힘을 다시 찾아오기 위해서는 소비자가 고가 브랜드에 의연해져야 합니다. 고가 브랜드를 절대로 구매하면 안 된다고 말하는 것이 아닙니다. 브랜드에 대해 이성적으로 판단해야 한다는 얘기지요. 명품을 갖기 위해서 수입의 대부분을 쓰는 바람에 정상적인 의식주가 이루어지지 않아 삶의 질이 떨어지는 일이 없도록

요. 다른 모든 것을 희생시키고 얻는 명품이 과연 나에게 어떤 의미인가, 나는 명품 때문에 행복한가에 대해서 다시 한 번 고민해 본다면 명품에 대한 생각이 달라지고 가격을 결정하는 힘도 회복할 수 있지 않을까 합니다.

앞자리 숫자는
강렬해

1,990원은 1,000원대라고 말합니다. 2,000원은 2,000원대라고 말하고요. 1,990원과 2,000원은 단지 10원 차이인데 1,000원의 차이로 얘기됩니다. 실제 소비자들에게 1,990원과 2,000원의 가격을 비교하게 했더니, 1,990원을 1,000원대로 2,000원에 비해 아주 많이 저렴하다고 응답했습니다. 왜 이런 현상이 나타나는 걸까요? 사람들이 가격을 읽을 때 왼쪽에서 오른쪽으로 읽기 때문입니다. '가격의 초두효과'라고 하지요.

초두효과란 소비자에게 여러 가지 정보를 제시했을 때, 가장 먼저 제시되는 정보를 더 잘 기억하는 현상을 의미합니다. 가격을 읽을 때 가장 처음 보이는 숫자 '1'에 대한 집중도가 가장 높고요, 그다음으로 갈수록 집중도가 낮아지지요. 앞에 나오는 숫자를 잘 기억하지만 뒤에 나오는 숫자는 잘 기억하지 못하게 되어 1,990원을 결국 1,000원대라고 생각하게 되는 겁니다.

'가격의 초두효과'는 다른 말로 '가격의 첫인상효과'라고도 합니다. 처음 만나는 사람의 첫인상이 나쁘면 그 사람에 대해서 나쁘게 생각하게 되듯, 가격의 첫 숫자로부터 만들어지는 첫인상이 값이 비싸다, 싸다를 평가하는 데 중요하게 활용되니까요. 우유 1리터를 2,000원이 아닌 1,990원으로 판매하는 이유가 이런 겁니다.

'첫인상효과'는 가격에서만 나타나는 것은 아닙니다. 소비자들이 제품을 처음 접할 때 받은 인상이 제품에 대한 평가에 영향을 줍니다. 개봉한 지 며칠 안 된 영화에 대해 친한 친구가 재미있다고 하면 첫인상이 매우 좋게 형성되어 영화를 보고 싶은 마음이 생깁니다. 그러나 별로라는 얘기를 들으면 첫인상이 부정적으로 형성되어 별로 보고 싶은 마음이 들지 않지요. 따라서 마케터들은 처음 제품을 선보일 때 첫인상을 좋게 남기기 위해 애를 씁니다.

특별이벤트

프리미엄 코튼 T

9,900

계산시 할인된 가격으로 자동계산 됩니다.

28,800.

9,990.

29,90

MIMI WORLD CO., LTD.

Ages 3수 Years

1+1의 함정

마트에 가면 1+1이라고 해서 하나를 사면 하나를 공짜로 주는 행사들이 많습니다. 미국에서 제일 처음 시작한 가격 홍보 전략이지요. 영어로는 'Buy One Get One free'라고 하고요, 줄여서 BOGO라고 합니다. 소비자들에게는 하나의 가격에 두 개의 제품을 구입할 수 있는 좋은 기회가 되고, 기업에게는 재고(팔리지 않고 쌓인 제품들)를 해결하는 데 도움이 됩니다. 소비자도 좋고 기업도 좋은 윈-윈 전략이지요. 미국에서는 일상생활에서 사용되는 갖가지 소비재에 이 전략을 사용합니다.

그런데 우리나라에서는 이런 개념을 나쁘게 사용하는 경우가 많습니다. 한 개의 가격을 정확히 기억하지 못하는 소비자들을 대상으로 적어도 1.5배의 가격을 붙이거나 두 배 가격을 모두 받는 경우도 많습니다. 이런 얕은 속임수를 쓰는 마케팅 관리자는 학교 다닐 때 마케팅을 제대로 공부하지 않았거나, 1+1의 의미를 제대로 모르고

요즘은 어딜 가나 1+1을 하고 있다. 핸드폰에 계산기 기능이 있으니
절대적 가격이 아닌 상대적 가격을 반드시 두드려 보자.

있는 것이라 생각할 수밖에 없습니다.

　속임수를 쓰지 않고 정확히 1+1을 준다고 하더라도, 그것을 구매하는 것이 좋은지는 생각해 봐야 합니다. 마트에서 6개에 3,000원하던 요거트를 1+1 행사로 3,000원에 12개를 준다고 해 보세요. 반값에 구매할 수 있으니 매우 좋은 기회일 수 있지요. 이런 경우 우리는 쉽게 마음을 엽니다. 그러나 절대적 가격이 아닌 상대적 가격을 봐야 합니다. 절대가격으로는 개당 250원(3,000÷12)이기 때문에 원래 가격이었던 500원에 비해 매우 저렴하지요. 그러나 12개를 사 와서 4개만 먹고 나머지는 유통기한이 지나 버리게 된다면 결국 3,000원에 4개를 구입한 격입니다. 절대가격은 250원이지만, 실제 구입한 가격은 750원(3,000÷4). 원래 가격인 500원보다 250원을 더 주고 산 셈이 되지요. 특히 유통기한이 짧은 식료품을 복수로 구매할 때에는 아무리 가격이 저렴하다 하더라도 내가 그 제품을 모두 소비할 수 있는지 고민해야 합니다.

요즘 많은 저가 화장품 업체에서 1+1을 넘어서 2+2 행사를 하고 있습니다. 매니큐어 두 개 가격에 네 개를 주는 것이지요. 이 조건이 무조건 좋을까요? 집에 있는 매니큐어 중에 다 써서 버린 건 별로 없을 거예요. 싫증이 나거나 굳어서 쓰레기통으로 던져진 적이 대분일 겁니다. 이런 상황이라면 나는 내가 낸 가격만큼 제품이 주는 혜택을 충분히 누리는 것일까요? 가격이 저렴해도 같은 제품을 여러 개 구매하는 것은 오히려 낭비가 될 수 있습니다.

포인트,
줘도 못 쓴다

예전에는 깎아 달라고 말하는 것, 가격을 흥정하는 것이 똑똑한 소비자의 모습이었습니다. 깎아 달라는 말은 알뜰하게 살림하는 똑똑한 여성임을 드러내는 가장 구체적인 방법이기도 했습니다. 여성들 사이에서는 얼마나 많이 깎을 수 있는가, 얼마나 저렴하게 구매했는가가 소비 능력을 나타내기도 했습니다. 그러나 요즘은 쿠폰이나 할인카드를 얼마나 잘 사용하는가가 소비자의 지혜를 판단하는 기준이 되고 있지요.

요즘엔 슈퍼마켓이나 인터넷에서 제품을 구매하고 나면, 포인트나 마일리지를 적립해 줍니다. 포인트가 어느 정도 쌓이면 현금처럼 사용할 수 있지요. 커피숍에서는 음료를 구매할 때마다 쿠폰에 구멍을 뚫어 주거나 도장을 찍어 주기도 합니다. 10번을 마시면 무료 음료 한 잔을 주는 식으로 쓴 만큼 돌려줍니다.

기업들이 앞다투어 포인트나 마일리지 제도를 운영하는 이유는

쓴 만큼 돌려받고, 썼으니까 돌려받는다.
포인트 카드 활용은 현명한 소비의 필수 덕목!

소비자들에게 경제적인 혜택을 주어 앞으로도 자기네 제품을 구매하도록, 또는 자기네 매장에 방문하도록 하기 위함입니다. 다양한 카드 할인과 포인트 적립 제도의 활성화로, 소비자들은 제값을 주고 사는 건 손해라거나 똑똑하지 않은 행동이라고 인식하게 되었지요.

포인트는 적립하고 쌓아 두는 것보다는 바로 사용하는 것이 소비자에게 이득입니다. 가끔 포인트를 열심히 모으기만 하고 사용하지 않는 사람들이 있어요. 특히 엄마들은 물건을 살 때는 꼬박꼬박 포인트를 적립하면서도 그걸 사용하는 데는 적극적이지 않습니다. 그러나 포인트나 마일리지는 일정 기간 동안만 적립이 되고 해당 기간이 지나면 소멸되는 경우가 많기 때문에 일부러 찾아 써야 합니다.

재미있는 점은 여러분처럼 똑똑한 10대들도 포인트 사용에 매우 소극적이라는 겁니다. 포인트를 사용하면 점원이 나를 이상하게 보지는 않을까, 쪼잔하다고 생각하는 것은 아닐까, 푼돈을 아낀다고 홍보는 건 아닐까 생각해서라고 해요. 그렇게 생각할 이유가 없습니다. 기업이 소비자들에게 포인트를 제공하는 이유는 앞서 말한 것처럼 점포를 방문해 준 것에 대한 감사의 표시이고, 앞으로도 계속 이용해 주면 지속적으로 감사의 표시를 하겠다는 의미니까요. 손에 쥐여주는 돈을 그냥 버리는 건 바보 같은 짓입니다. 당당히 포인트를 사용합시다!

그런데 포인트 적립을 유도하지만 적립 포인트를 쓸 수 있는 범위나 사용처를 매우 제한해 놓은, 얄미운 곳이 많습니다. 11번가의 경우 마일리지가 적립되는데, 막상 제품을 구매할 때는 마일리지로 할인을 받을 수 있는 경우가 많지 않습니다. 저도 소비자의 한 사람으로서 11번가에서 물건을 많이 구매하였고 마일리지가 적립되어 있지만, 제품을 구매할 때마다 그 제품들에는 마일리지를 사용할 수 없다는 메시지를 접하게 됩니다. 많고 많은 사이트 중에서 그곳을 자주 이용한 이유는 마일리지를 적립해서 현금처럼 쓸 수 있다는 생각에서였는데 그것이 가능하지 않다니 심한 배신감을 느꼈지요.

포인트를 적립해 준다고 요란하게 광고해 놓고 영수증을 받아 보면 적립 포인트가 몇 푼 안 되는 곳도 있습니다. 어이가 없지요. 실제 기업이 정해 놓은 1,000포인트, 즉 1,000원 이상 적립해야 사용할 수 있다는 조건을 맞추기 위해서는 얼마나 많은 돈을 써야 하는지, 그저 아득하기만 합니다.

상당히 복잡한 과정을 거쳐야 적립 포인트를 사용할 수 있는 경우도 많습니다. 적립 포인트를 번거롭게 상품권으로 바꿔야 하는 마트가 이런 경우이지요. 포인트를 상품권으로 교환하려면, 마트 안이 아닌 다른 건물의 3층 어딘가에 숨어 있는 고객센터까지 찾아가야 하는 데도 있습니다. 적립은 쉬운데 쓰기는 어렵게 벽을 만들어 놓았다면 이러한 곳에서는 제품을 구매하지 않는 것이 좋습니다.

이왕이면 포인트를 적립할 수도 있고 적립할 포인트를 바로 쓸 수도 있는 곳이 좋겠지요. 예를 들어 신세계몰은 제품을 구매할 때 해당 제품 구매 시 적립될 포인트를 바로 사용하도록 도와줍니다.

포인트 사용에 전혀 제한을 두지 않은 곳도 있습니다. 100원이 적립되더라도 구매 시 바로 사용할 수 있지요. 포인트를 악의적으로 활용하지 않고, 소비자도 좋고 기업도 좋은 포인트 제도를 운영하는 곳을 이용하는 것이 지혜입니다.

바나나 가격은
복잡해

얼마 전, 소비자의 기억과 관련된 흥미로운 실험을 하나 하였습니다. 네네, 교촌, 굽네 치킨에서 사용하는 기름에 문제가 있다는 뉴스를 보여 주고, 1주일 후에 뉴스에 보도되었던 문제의 치킨 브랜드를 기억해 보라고 했습니다. 그랬더니 사람들이 네네, 교촌, 굽네 치킨 외에도 BBQ를 언급하는 게 아니겠어요! '나쁜 기름'을 생각하면 '치킨'을 떠올리고, '치킨'을 떠올리면 자동적으로 1등 브랜드인 BBQ를 떠올리기 때문입니다. 잘하고 있는 BBQ 입장에서는 억울한 일이지요.

이처럼 사람의 기억이 항상 정확한 것은 아닙니다. 같은 일을 겪어도 친구가 기억하는 것과 내가 기억하는 것이 다르지요. 그래서 예전에 있었던 일을 가지고 누가 정확하게 기억하는지 아웅다웅 다투기도 합니다. 이런 현상은 자기가 원하는 것만을 받아들이고 기억하려는 습성 때문에 일어납니다. 예를 들어, 던킨도너츠의 장점과 단점을 알려 준 후에 던킨도너츠의 장점과 단점에 대해 말해 보라고 하면요, 던킨도너츠를 좋아하는 사람은 단점보다는 장점을, 던킨도너츠를 싫어하는 사람은 장점보다는 단점을 더 많이 기억해 냅니다. 이처럼 같은 일을 겪더라도 자신에게 유리한 방향으로 사건을 재구성거나 편집하는 건 사람들 사이에서 빈번하게 일어나지요.

사람들의 기억력은 또한 좋은 것보다는 나쁜 것에 더 민감한 편입니다. 스타벅스에 대해 별로 호불호가 없는 사람이 스타벅스가 제3국가의 커피 생산자들에게 수익의 일부를 돌려주고 있다는 기사와 스타벅스에서 커피 용량을 속여 팔고 있다는 뉴스 보도를 접했을 때, 보통 좋은 소식보다는 나쁜 소식을 더 잘 기억하지요. 뿐만 아니라, 아주 많은 시간이 흘러 구체적인 이야기는 잊었다 해도 이상하게 '스타벅스'라는 이름을 들으면 기분이 좋지 않습니다. 한번 만들어진 감정은 기억보다 더 오래 유지되는 경향이 있기 때문입니다.

이처럼 사람의 기억력이 완벽하지 않다는 사실을 이용하는 가격 전략도 있습니다. 우리는 물건을 살 때, 어디서 어떻게 사야 더 싸게 구입할 수 있을지를 고민합니다. 특히 엄마들은 과일이나 채소, 식품 등을 저렴하게 구입하기 위해 가격을 열심히 비교하지요.

그래서 많은 점포들이 가격 비교를 할 수 없게 가격을 복잡하게 제시합니다. 예를 들어 바나나의 가격을 한 송이에 4,000원이 아닌 kg당 264원이라고 써 놓지요. 복잡한 숫자를 제시해 소비자들이 정확하게 기억하지 못하도록 하는 겁니다. 복잡한 숫자를 사용하는 점포의 제품들은 대개 다른 점포에 비해 가격이 높을 확률이 큽니다. 다른 점포에 비해서 가격이 저렴하다면 소비자들이 잘 기억하는 것이 유리하겠지만, 비싸다면 소비자들이 기억하지 못하거나 비교하지 못하게 하는 것이 나을 테니까요.

CHAPTER 5

광고 이야기

"

광고는 기업이 소비자와 소통하는 대표적 수단이다. 큰돈 내서 광고하는 것, 그냥 대충 하지 않는다. 사람들의 심리 연구는 광고에서도 기본이 된다. 기업들은 사람들의 어떤 심리를 포착해 광고에 반영하는가, 광고는 소비자의 욕구를 어떻게 겨냥하는가, 이 장에서 살펴보자.

"

미국 광고엔 없는데
한국 광고엔 있는 것

우리나라 TV 광고의 50퍼센트 이상은 유명 연예인이 등장합니다. 미국 TV 광고는 유명 연예인이 거의 등장하지 않지요. 2002년도에 한국과 미국에서 방송된 TV 광고를 대상으로 유명 연예인이 등장한 광고의 수를 연구하였습니다. 한국은 57퍼센트, 미국은 9퍼센트의 광고에서 유명인이 등장하였습니다. 등장인물 수도 한국이 더 많고 다양했습니다. 한국 광고에는 126명이, 미국 광고에는 53명이 등장했지요. 최근 한국 광고의 또 다른 특징은 한 명의 유명 연예인이 다양한 제품과 브랜드 광고 속에 동시 등장한다는 것입니다. 미국의 경우는 한 명의 연예인이 두 가지 이상의 광고에 등장한 경우는 단한 명뿐이었습니다.

왜 유독 한국 소비자들을 위한 광고엔 유명 연예인이 등장하는 걸까요? 어떤 이는 이렇게 말합니다. "그거야 광고 찍는 사람들이 연예인을 쓰니까 그렇지. 많은 돈을 주고 연예인을 쓰니 광고비 때문

현대자동차 한국 광고.
같은 회사 제품이라도
관계를 중시하는
한국의 광고에는
장동건이 등장하지만

현대자동차 미국 광고.
같은 회사 제품이라도
미국 광고에는 제품 설명이
주를 이루고 있다.

에 제품 가격만 높아지고 문제야 문제…." 그러나 여러 번 얘기했듯이, 이는 광고를 만드는 사람 때문이 아닙니다. 소비자인 우리들이 연예인 없는 광고를 원하지 않기 때문입니다. 만약 TV 광고에 여러분이 좋아하는 빅뱅이나 샤이니 같은 유명 연예인이 등장하지 않는다면 어떨까요? 보기나 할까요?

동양인들은 '관계'를 중시하는 성향인 반면에 서양인들은 '개인'의 삶을 중시하지요. 광고를 볼 때도 동양인들은 제품과 연예인의 관계에 관심을 갖지만, 서양인들은 제품 그 자체에 집중한다고 합니다. 풀어 말하면, 한국 사람들은 제품 그 자체의 의미보다는 이 제품을 누가 사용하는지, 우리가 닮고 싶어 하는 사람이 사용하는지, 어디서, 어떻게 사용하는지에 관심을 갖는다는 것이지요. 그러다 보니 내가 좋아하는 유명 연예인이 그 제품을 사용한다는 광고를 보면 당장에 '연예인 따라잡기' 소비를 하게 되는 겁니다.

이처럼 같은 브랜드 또는 같은 상품이라 하더라도 어떤 문화를 대상으로 소통해야 하는가에 따라 마케팅 전략이 달라집니다. 문화는 여러 나라에서 제품을 판매하고 있는 글로벌 기업에게 있어 중요한 고민거리가 되기도 합니다.

광고 속
연예인 법칙

광고 모델이 나와 비슷한 외모, 내가 따라잡을 수 있을 것 같은 희망이 보이는 외모라면 소비자의 지갑을 열기가 쉬워집니다. 이를 '광고 모델의 유사성 법칙'이라고 합니다. 유사성이란 광고 모델이 나의 외모와 비슷한 정도를 의미합니다.

실제 중국인들을 대상으로 한 패션 광고 연구자료를 살펴보면, 똑같은 브랜드 제품을 중국인 모델에게 입혔을 때와 서양인 모델에게 입혔을 때, 소비자들은 중국인 모델이 입은 의류를 구매하겠다고 답했습니다. 똑같은 옷인데 누가 입고 나왔느냐에 따라 제품에 대한 선호도가 달라졌지요.

특히 외모와 가장 밀접한 옷이나 액세서리는 자신과 유사한 모델이 광고할 때 더 구매하고 싶은 마음이 듭니다. 전문 모델처럼 너무 마르거나 서양 모델처럼 나오는 체형이나 피부색이 너무 다른 사람이 입고 있는 옷은 나에게 잘 맞지 않을 거라고 생각하는 것이지요.

에뛰드, 스킨푸드, 미샤, 더페이스샵과 같은 화장품 회사들이 서양인 모델보다는 동양인 모델을 광고에 기용하는 것도 그런 맥락이라고 볼 수 있어요. 다른 피부색과 얼굴형을 가진 서양인 모델이 쓰는 화장품보다는 피부색이 같고 이목구비가 비슷한, 덧붙여 나의 이상적 모습을 갖춘 한국 연예인이 쓰는 화장품이 더 현실감 있어 보입니다. 케라시스나 엘라스틴 같은 샴푸 광고도 마찬가지예요. 외국인 모델보다는 한국인 모델이 샴푸 사용 후의 머릿결 변화에 대해 얘기할 때, 나도 저 제품을 사용하면 동일한 효과를 볼 수 있다는 기대가 커집니다.

그러나 광고 모델의 유사성 법칙이 늘 맞아떨어지는 건 아니에요. 소비자가 제품을 통해서 얻고자 하는 것이 물리적인 이익이 아니라 상징적인 이익일 때가 그렇습니다. 즉 옷이 잘 맞는가보다는 옷이 가진 이미지를 구매하고자 하는 경우입니다. 예를 들어 빈폴이라는 브랜드를 통해 소비자가 추구하는 건 내 몸에 잘 맞는 옷이기도 하지만 미국 스타일에 대한 동경과 자유, 세련됨일 겁니다. 이런 경우, 한국인 모델보다는 소비자가 추구하는 모습에 가장 근접한 서양인 모델을 등장시키는 것이 효과적이라고 할 수 있지요.

몇 년 전, 빈폴과 갤럭시의 광고를 살펴보면 세계적인 영화배우 기네스 팰트로와 피어스 브로스넌의 등장이 눈에 띕니다. 처음 갤럭시에서 서양 배우를 기용한다고 했을 때 마케팅 전문가들은 반신반의하였지요. 의류의 경우 유사성 법칙이 중요하다는 걸 알고 있었으

빈폴 광고의 기네스 팰트로

갤럭시 광고의 피어스 브로스넌

니까요. 그러나 내부 디자이너들과 실무진들은 피어스 브로스넌을 모델로 쓴다면 브랜드 이미지를 상승시키는 데 상당한 도움이 될 것이라고 주장했습니다. 결과는 어땠을까요? 피어스 브로스넌이 등장한 광고가 방송된 이후, 침체되었던 신사복 정장 시장 내 갤럭시 브랜드의 매출이 전년도 대비하여 크게 증가했다고 합니다. 브랜드의 이미지를 고급화하는 데 피어스 브로스넌의 역할이 매우 중요하게 작용했다고 합니다.

내가 합체되는
광고

　예전 고현정이 LG 디오스 냉장고를 광고한 적이 있습니다. 다른 업체와는 달리 냉장고의 기능보다는 고현정의 기품 있는 모습을 강조했지요. 당시 고현정은 가정주부들에게 있어서 로망이었습니다. 사람들은 디오스라는 브랜드를 들으면 고현정을 떠올렸고, 고현정이 가지고 있는 품격이나 단아함 등을 디오스라는 브랜드와 연결 지어 생각했지요. 그뿐이 아닙니다. 더 나아가 고현정이 서 있는 저 자리에 나 자신을 대입시킵니다. 나는 디오스를 사용하는 고현정이 되는 겁니다. 이처럼 상상을 통해 특정한 상황 속의 광고 모델과 나를 합체하는 과정을 멘탈 시뮬레이션mental simulation이라고 합니다. 저녁에 세안을 하고 오휘 크림을 바르면 김태희가 될 것 같지요.

　멘탈 시뮬레이션을 가능하게 하는 조건은 소비자들이 '되고' 싶어 하거나 '모방'하고 싶어 하는 모습의 연예인을 광고에 등장시키는 것입니다.

전지현이 등장했던 17차 광고 기억하나요? 그 광고에 처음부터 전지현이 등장했던 것은 아닙니다. 전지현이 광고 모델로 선정되기 이전에는 무명의 연예인이 나왔었어요. 그때 소비자들의 반응은 "이건 뭥미?" 수준이었지요. 그런데 전지현이 광고에 등장하면서 17차에 대한 관심과 인기가 폭발하게 됩니다.

17차는 그지 건강을 위한 차 음료였는데요, 소비자들은 왠지 17차를 마시면 전지현의 S라인 몸매와 매끈한 피부를 가질 수 있다고 생각하기 시작했습니다. 17차를 마실 때마다 그 광고를 떠올리게 되고, 광고 속의 전지현과 나를 합체시키면서 전지현의 자리에 나를 넣게 되지요. 나는 곧 잘록한 허리와 군살 없는 균형 잡힌 몸매의 전지현이 되어 17차를 마시고 있습니다.

멘탈 시뮬레이션을 통해
전지현과 합체된 저자

제품을 구매하는 이유가 돼지바나 신라면처럼 단순히 1차적인 욕구만을 채우는 것이라면 시뮬레이션을 일으킬 수 있는 광고를 제작할 필요가 없습니다. 단지 이 제품이 얼마나 맛있는지를 효과적으로 표현하면 그만이지요. 그러나 개인을 표현할 수 있는 수단으로 사용되는 브랜드나 제품인 경우 광고의 성패는 소비자의 '상상력'을 얼마나 자극할 수 있는가에 달려 있습니다.

물론 '닮고 싶은' 연예인이 등장한다고 해서 모든 광고가 성공하는 것은 아닙니다. 몇 년 전 KB카드에서 야심차게 내놓은 포인트리 카드가 있었습니다. 기존의 신용카드가 무겁고 중후하거나 아예 단순한 디자인 위주였다면, 포인트리 카드는 디자이너 앙드레김의 디자인을 입혀 소비자들이 가장 갖고 싶은 카드로 선풍적인 인기를 끌었습니다.

그러나 그 광고는 그다지 주목받지 못했지요. 광고 속에 유명 연예인이 없어서요? 아닙니다. 당시 광고 속에는 아시아의 별 보아가 등장했지요. 광고의 시작부터 마지막까지 보아는 춤 실력을 화끈하게 보여 줍니다. 마지막 장면에서는 화면 앞으로 손을 죽 내밀어 포인트리 카드를 보여 줬지요. 그런데요, 광고가 나간 뒤 사람들은 '포인트리 광고'가 아닌 '보아 광고'에 대해 말하기 시작했습니다. 보아가 얼마나 춤을 잘 추는지와 보아 손에서 막 쭉쭉 나오는 것에 대해 얘기했지요.

문제가 뭘까요? 광고란 기업이 소비자를 설득하는 데 사용하는

잘나가는 연예인을 쓰고도
광고 효과를 보지 못한 대표적 사례.

광고 효과 테스트 결과, 대다수의 소비자가 보아는 기억했지만
보아가 들고 있었던 카드는 알아보지 못하거나 기억하지 못했다.

도구입니다. 기업으로서는 브랜드나 제품을 잘 각인시키고, 구매하고 싶은 생각이 들도록 하는 게 좋은 광고입니다. 그런데 안타깝게도 이 광고는 카드에 대한 정보를 전달한 게 아니라 보아를 홍보해 준 격이 되고 말았습니다.

실종을
강조하는 광고

얼마 전 하의실종이라는 패션이 한창 유행했습니다. 엉덩이를 살짝 가리는 상의 밑에 바지를 입은 건지 안 입은 건지 알 수 없게 매우 짧은 하의를 입는 것이지요. 그냥 유행이니까 다들 그렇게 입는 걸까요? 그렇지는 않아요. 사람들이 유행이라고 해서 모두 따르는 것은 아닙니다. 그렇다면 하의실종 패션을 추종하는 사람들은 왜 추운 겨울에도 보일까 말까 한 바지를 입는 것일까요?

패션의 본질이 그러하듯, 하의실종 패션에도 주목을 받고자 하는 심리가 숨어 있습니다. 그러나 다른 스타일과는 다르게 단순히 주의를 집중시키는 것에 더해서 입은 걸까, 안 입은 걸까에 대한 궁금증과 호기심을 유발하지요. 한 번 보고 또다시 보게 만드는 것입니다. 이처럼 '실종'을 통해 제품에 대한 추가적인 관심을 이끌어 내는 마케팅 전략들이 많습니다.

패션 광고에서 일찌감치 실종의 방식을 이용해 대중을 사로잡은

데는 캘빈 클라인입니다. 패션 상품의 상징성과 기능 그리고 성을 연결시켜 사람들의 본능을 자극하였지요. 1980년에 방영된 브룩 쉴즈의 청바지 TV 광고는 당시 사회의 폐쇄성을 생각한다면 매우 파격적인 시도였습니다. 당시 15살의 브룩 쉴즈는 "나와 캘빈 사이에 뭐가 있는지 아세요? 아무것도 없어요 What comes between me and my Calvins? Nothing!"라고 말합니다. 광고가 나가자 여론은 분노에 가까운 성토를 쏟아 냈고 여성단체들과 교육가들에게 심한 항의를 받아야만 했습니다. 그러나 부정적인 사회적 여론은 오히려 핵심 고객층인 청소년들의 호기심을 자극했고, 캘빈 클라인의 광고가 주목받는 데 일조한 꼴이 되고 말았습니다. 이는 청바지 매출로 이어졌지요. 광고가 나간 그다음 주 40만 장을 거뜬히 팔아 치웠고, 한 달 만에 무려 200만 장 판매라는 대기록을 세웠습니다.

패션 잡지에는 무엇인가 상당히 실종된, 선정적인 광고들이 많습니다. 그 이유는 옷에 대한 욕구와 성에 대한 욕구가 서로 연결되어 있기 때문입니다. 인간은 가장 기본적이고 본능적인 욕구인 생리 욕구를 해결하기 위해 노력합니다. 배고픔을 해결하기 위해 음식물을 섭취한다거나, 더위나 추위로부터 신체를 보호하려 한다거나, 종족을 번식시키고자 하지요. 성을 강조하는 패션 광고는 이 중 성에 대한 욕구와 의복 착용(보호) 욕구 두 가지 개념을 연계하여 동시에 해소시키는 방식입니다. 성에 대한 욕구를 자극하여 암묵적으로 옷에 대한 욕구를 자극하는 것이지요.

아베크롬비 또한 이런 전략으로 고객들을 유혹하고 있습니다. 그런데 이들의 마케팅 활동은 과도한 노출과 섹시즘으로 사회문제가 되고 있지요. 아베크롬비의 고객 다수가 청소년들이기 때문입니다. 10대들이 가장 많이 방문한다는 홈페이지 대문에는 여성 두 명과 남성이 얽혀 서로 키스를 하는 사진이 등장합니다. 성에 대한 호기심이 가득한 10대들에게 이런 식의 접근은 바람직하지 않지요. 또, 뉴욕 맨해튼 한복판에 있는 아베크롬비 매장에서는 상의실종의 남성 모델들이 고객들을 맞이합니다. 아직 남성성이나 여성성에 대해 지식이 충분하지 않은 청소년들이 성적 자극을 받으면 '노출'이나 '성행위'에 대한 거짓 환상을 갖거나 무분별한 성행위로까지 이어질 수 있습니다.

'척' 심리를
자극하는 광고

"나 어제 조금만 자고 일어나서 공부하려고 했는데 알람 끄고 자 버렸어. 어떡해. 오늘 시험 다 망쳤다."

분명 이렇게 말했는데 나보다 더 시험 잘 보는 친구, 여러분 주변에도 많이 있지 않나요? 제 딸아이도 어느 날 시험을 보고 와서 그러더군요. 반 친구가 어제 공부를 하나도 안 하고 잤다고 하더니 쪽지시험을 100점 받았다고요. 그래서 제가 그럼 그 아이한테 그 전날, 또 그 전날 무엇을 했는지 물어보라고 했습니다. 그랬더니 다음날 학교에서 돌아온 아이가 이렇게 말하더군요. "엄마, 엄마 말이 맞아, 걔 이틀 전까지 매일 그거 공부했대!"

이런 '안 한 척'의 대가들은 주로 여학생들 사이에 많습니다. 여자들은 질투와 경쟁심이 매우 강하기 때문입니다. 여자의 적은 여자라고 할 정도로요. 그러나 원래 동성 간의 질투는 정상입니다. 일반적으로 사람들은 자신과 비슷한 처지이거나 비슷한 능력을 가진 사람에게서 경쟁 심리를 느낍니다. 내가 따라잡을 수 있는 범위를 넘어 섰다고 생각하면 경쟁 상대로 여기지 않습니다. 그래서 이성에 대해서는 관대한 편입니다. 비슷한 점이 없는, 너무나 다른 존재라고 생각하니까요. 그러니 동성 사이에서 경쟁 심리를 느끼는 것은 당연한데, 유독 여학생들이 더 그러한 이유는 그만큼 주어지는 기회가 적고 경쟁을 바라보는 관점이 다르기 때문입니다.

여전히 많은 부모들이 딸보다는 아들에게 더 많은 기회를 줍니다. 아들 중심의 가정에서 자란 딸들은 경쟁심이 더욱 크지요. 가정에서 벗어나 사회의 큰 틀에서 보아도 상황은 마찬가지입니다. 남자들을 위한 직장에 비해 여자들을 위한 자리는 많지 않습니다. 적은 기회를 두고 여자들끼리 경쟁을 해야 하지요. 그러니 여자들은 조급하고 경쟁적일 수밖에 없는 반면, 남자들은 '척'할 필요도 없고 경쟁에 대해서도 상대적으로 덜 민감하지요.

게다가 여자는 경쟁을 바라보는 관점이 남자와는 차이가 있습니다. 여자들은 경쟁에서 이기는 것 자체를 목표로 삼는 경향이 있는 반면, 남자들은 경쟁 자체보다는 목표를 이루는 과정에서 경쟁을 하는 경향이 있습니다. 엄마들은 옆집 아줌마가 어떤 가방을 들고 다니는지, 그 집 아이 성적이 어떤지를 중요하게 생각하는 반면에, 아빠들은 옆집과의 비교보다는 자식이 가려고 하는 대학에 어느 정도 근접하고 있는지에 더 신경을 쓰는 편이지요. '엄친아 엄마친구 아들'는 있어도 '아친아 아빠친구 아들'란 말은 없는 걸 봐도 그 차이를 알 수 있지요.

관심을 가지고 보면 여성들의 '척' 심리를 자극하는 광고들이 많습니다. 전화기로 화상통화가 가능해진 시절, SKT에서 대대적으로 광고를 했습니다. 머리에 흰 띠를 둘러매고 무엇인가 때려잡을 듯한 의지의 여학생이 책상에서 공부를 하고 있습니다. 그런데 전화가 오자, 갑자기 태도가 확 달라집니다. 흰 띠를 재빨리 풀고, 머리를 흩트러 트린 다음, 눈을 비비며 전화를 받습니다. "어… 나 자다가 전화 받았어." 많은 사람들이 이 CF에 공감을 했지요.

이보다 몇 년 앞서 전파를 탄 블랙빈테라티 광고도 크게 눈길을 끌었습니다. 그 광고에는 완벽하고 매끈한 몸매를 자랑하는 이효리와 빛나는 피부의 성유리가 등장합니다. 이효리는 음식을 맘껏 먹으면서도 날씬한 몸매를 유지하고, 성유리는 매일 바쁘고 피곤한 일정에도 피부가 뽀얗습니다. 여자들은 질투하고, '신은 불공평하다'는 메시지도 등장하지요. 이 둘을 질투하는 한 여성이 아름다움의 비결을 찾기 위해 두 사람 가방 속을 뒤집니다. 이 장면에서 이효리는 "난 틈틈이 운동하잖아"라고 말하고, 성유리는 "나 마사지 받잖아, 비싼 데서"라고 합니다. 그러나 실제 그녀들의 가방 속에는 블랙빈테라티가 들어 있습니다. 이 광고는 아름다운 여성을 향한 여성들의 질투 심리와 아름다움의 비결을 솔직하게 알려 주지 않는, 미를 독차지하고 싶어 하는 이기적인 심리 등을 효과적으로 표현하여 호응을 얻은 예입니다.

우리 제품
사지 마세요!

2002년 프랑스에서 맥도날드는 '어린이들은 일주일에 한 번 이상 맥도날드에 오지 말라'는 이례적인 내용의 광고를 냈습니다. 프랑스 내 반미 움직임으로 당시 유럽 국가들 중 맥도날드의 프랑스 매출은 최하위권이었습니다.

맥도날드는 "정크푸드의 과도한 섭취는 어린이의 비만과 영양 상태에 악영향을 준다"라는 영양사의 말을 인용하면서, "맥도날드의 햄버거는 주 1회 먹는 식품으로 적당하다"라고 적정 섭취량까지 제시했습니다. 상당히 놀랍지요? 더 많이 사 먹으라고 해도 모자랄 판에 일주일에 한 번만 오라뇨.

그동안 비만에 대한 우려와 건강 유해성 때문에 집중적인 공격을 받고 있던 맥도날드는 자신을 변호하거나 감추는 방어적인 태도를 취하지 않고 오히려 자사 제품의 약점을 인정하면서 어린이들의 매장 방문을 제한하였습니다. 그러자 신기하게도 맥도날드 햄버거의

자사 식품에 대한
비만 우려증이 커지자
디마케팅 전략으로
승부수를 띄운 맥도날드.

판매가 눈에 띄게 증가했습니다. 이 광고로 소비자들은 맥도날드가
고객, 특히 어린이 고객의 건강을 염려하고 있다는 인상을 받은 거
지요.

역마케팅의 대표적 사례입니다. 역마케팅은 디마케팅demarketing이
라고도 합니다. '디de'는 부정적 의미의 접두사이기 때문에 디마케팅
은 '마케팅을 하지 않는다'는 뜻입니다. 경영학의 유명 학자인 필립
코틀러Philip Kotler와 시드니 레비Sidney J. Levy에 의해 소개가 되었는데요,
정확하게 말해서 디마케팅이란 일시적이거나 장기적으로 고객 수
를 줄이거나 또는 마치 그런
것처럼 보이는 마케팅 활동
을 일컫습니다. 기업의 주요
활동이 고객 수를 늘려 돈을
많이 벌어들이는 것이라면,

디마케팅은 오히려 기업이 앞장서 소비를 줄이는 역발상적인 전략이지요. 단기적으로는 고객 수가 줄어드는 것처럼 보이나 장기적으로 기업의 이미지를 향상시켜 궁극적으로는 고객 수를 늘리는 것을 목적으로 합니다. 이러한 역발상적 마케팅 전략은 주로 사회적으로 수용되기 어렵거나 부정적인 인상을 주는 상품과 서비스 등에 사용됩니다.

디마케팅에서 많이 사용되는 표현 방법은 패러독스^{paradox}입니다. 패러독스란 자기모순적인 진술을 말하지요. 이를테면, 크레타인이 "모든 크레타 사람들은 거짓말쟁이다"라고 말했습니다. 이 문장이 '사실'이라고 한다면 화자도 거짓말쟁이가 됩니다. 그러면 거짓말쟁이인 화자가 주장하는 이 문장은 참일까요, 거짓일까요? '거짓'이 되겠지요. '사실'로도 '거짓'으로도 받아들일 수 없는 딜레마에 놓이고 만 것입니다. 마케팅선 팔아야 하는 제품을 안 팔겠다고 하는 것이 패러독스에 해당하지요.

한국 네슬레는 2001년 조제분유 제품인 '난' 시리즈를 출시하면서 "아기에게 가장 좋은 것은 엄마의 모유입니다"라는 광고 문구를 만들고, 적극적으로 모유 수유 캠페인을 벌였습니다. 분유를 적극 홍보해야 할 회사가 오히려 모유 수유를 권장하다뇨? 네슬레로서는 엄마들이 모유 수유를 하지 않아야 분유가 많이 팔릴 텐데요. 이러한 자기모순적 광고 문구는 표면적으로는 구매를 제지하는 것처럼 보이나, 궁극적으로는 브랜드에 대한 이미지를 긍정적으로 전환하여 구매를 유도하려는 의도가 들어 있습니다. 디마케팅 기법을 사용한 것이지요.

세계 시장을 장악하고 있는 담배 제조사인 BAT British American Tobacco 는 흡연을 촉구하는 공격적인 광고 문구를 모두 삭제했습니다. 오히려 홈페이지에 흡연에 관련된 주요 이슈들, 즉 금연이나 청소년 건강 문제, 흡연 예방 등의 정보를 제공하고 청소년들을 상대로 "I Love I"라는 흡연 예방 캠페인을 진행하였지요. 또한, 청소년기에 흡연보다는 미래를 준비하자는 메시지를 신문과 포스터를 통해 알렸습니다. 표면상으로는 담배 회사가 금연을 권고하는 것처럼 보이나, 소비자의 건강을 중요하게 생각한다는 이미지를 심어 주기 위한 것이라고 볼 수 있습니다. 소비자들은 BAT에서 생산되는 담배는 건강에 덜 해롭다고 느끼게 됩니다.

그러면 디마케팅은 무조건 다 성공할까요? 디마케팅만 하면 이미지를 개선할 수 있을까요? 기업들은 고민을 합니다. 제품을 구매하지 말라고 광고했더니 정말로 구매를 하지 않는다면 어떻게 될까 하고요.

얼마 전 소비자행동 연구의 권위자라고 할 수 있는 미국 오하이오 주립대 경영대학의 라오 우나바 Rao Unnava 교수와 함께 디마케팅 전략의 효과에 대해서 연구를 진행했습니다. 그 결과, 맥도날드에 대해 좋은 인상을 가진 소비자들은 평소 맥도날드의 자기모순형 표현에 대해 매우 '좋은 기업'이라고 평가한 반면, 맥도날드에 대해 나쁜 인상을 가진 소비자들은 이러한 광고에 대해 매우 부정적으로 반응했습니다. 그야말로 '착한 척'으로 소비자들을 기만하고 있다는 것이지요. 디마케팅 전략이 어느 소비자에게나 좋은 반응을 불러일으키는 건 아니었습니다.

CHAPTER 6

어긋난 소비

"

기업과 그들의 마케팅 전략을 이해했다면 이제 나의 소비를 들여다볼 차례다. 나의 소비는 합리적인가? 나는 정당하게 소비하는가? 나는 정말 서민일까? 등골 브레이커라는 오명, 이대로 괜찮은가? 충동구매는 정말 나쁜 것일까?

"

난 짝퉁 프라다를
입는다

미국 메사추세츠 공과대학 경영학과의 가슬린 교수는 2009년 흥미로운 실험 결과를 발표했습니다. 실험에 참여한 사람들에게 가짜 명품 백과 진짜 명품 백을 들고 있는 100명의 사진을 보여 주고 누가 진짜를 또는 가짜를 들고 있는지 구분해 달라고 했습니다. 놀랍게도 실험에 참여한 사람들은 진짜와 가짜를 정확히 구분해 냈습니다. 어떻게 알았을까요? 평범한 미국 시민들에게 명품을 가려낼 수 있는 특별한 초능력이라도 있는 걸까요?

사람들이 가짜 속에서 진품을 구별해 낼 수 있었던 것은 명품에 대한 지식이나 경험이 풍부해서가 아니라, 가방을 들고 있는 사람의 옷차림이나 인상, 액세서리 등에서 단서를 발견했기 때문이라고 합니다. 일반적으로 명품은 상당히 비싸기 때문에 진짜 명품을 들고 다니는 사람들이라면 옷이나 액세서리 등도 명품일 거라고 생각했다는군요. 의류나 액세서리가 고급스럽지 않다면 그 사람이 들고 있는 가방은 가짜라고 결론을 내렸다는 겁니다.

명품 가방을 하나 들었다고 해서 지나가는 사람들이나 친구들이 나를 부유한 집의 아들딸로 봐 주지는 않을 거라는 얘기지요. 한번 생각해 보세요. 여러분은 명품 백을 보고 '저거 가짜 아니야?'라고 생각해 본 적은 없나요? 심지어 진짜 명품 백이라도 짝퉁으로 오해받을 수 있지요.

명품을 소유함으로써 사람들은 사회적 지위를 드러낼 뿐 아니라 내면적으로는 자신감을 얻을 수 있다고 합니다. 그런데 만약 진품을 흉내 내거나 교묘하게 위조한 가짜 명품을 구비한다면, 타인들이 혹시 알아보지 않을까 신경 쓰게 되지요. 남들이 몰라봐도 나 스스로가 당당하기 어렵습니다.

저도 아주 오래전 동대문에서 특A급이라고 하는 짝퉁 가방을 구매한 적이 있습니다. 원래 가격의 10퍼센트 정도 되는 가격으로 샀는데 진품인지 위조인지 가려내기 어려울 정도였어요. 그렇지만 위조품이라는 사실을 알고 있는 저는 그 가방을 들고 거리에 나가는 순간 어딘지 모르게 움츠러들었습니다. 누군가 알아보는 건 아닐까, 내가 알지 못하는 위조의 단서가 가방 어딘가에서 드러나는 건 아닐까 걱정되었던 것이지요.

화제가 됐던 드라마 〈직장의 신〉에도 이런 에피소드가 나왔었지요. 극중 정주리는 엄마가 보내 준 짝퉁 가방을 들고 기분 좋게 출근합니다. 그런데 뒤이어 출근한 동료가 똑같은 진품을 들고 들어오자 자기도 모르게 슬며시 가방을 몸 뒤로 숨깁니다. 회사 동료들이 짝퉁이라고 알아본 것도 아닌데 스스로 기가 죽고 만 겁니다.

가짜 명품 시장의 연간 판매량은 전 세계적으로 600조 원이 넘으며, 세계 경제 통상의 7퍼센트를 차지한다고 합니다. 위조 명품 시장이 이렇게 꾸준히 성장할 수밖에 없는 이유는 가짜를 찾는 소비자들이 많기 때문입니다. 우리가 위조 시장을 성장시키고 있는 셈입니다.

가짜 명품을 갖고 다닌다고 하여 사람들이 부러워할 거라는 생각은 착각입니다. 사람들이 진짜 부러워하고 닮고 싶어 하는 인물은 명품 백을 소지한 사람이 아닌 자기 자신의 영역에서 뛰어난 역량과 전문성을 발휘하는 인물입니다. 우리가 너무나 좋아하고 아끼는 유명 연예인들도 잘 알려진 값비싼 브랜드로 몸을 치장하기보다 자신의 본질, 장점을 보여 주기 위한 소비를 하고 있지요. 많은 인기를 누리고 있는 이효리를 보세요. 힘들게 모은 재산을 명품을 사는데 쏟아붓지 않습니다. '척' 또는 '보여 주기' 식이 아닌 자신의 장점을 잘 살려 주는 개성 만점의 옷들을 입습니다. 버림 받은 동물들을 돕기 위해 유기견 보호소에서 봉사활동도 하고 많은 돈을 기부하기도 합니다. 넉넉하지 못했던 가정환경에 대해서도 당당히 밝힙니다. 그녀가 멋져 보이는 이유, 사랑받는 이유는 언제 어디서나 당당하고 따뜻한 마음을 가져서이지 명품을 휘감고 다녀서가 아닙니다.

비합리적인
마트 여행

유통업체들은 서로 자기네 매장으로 소비자들을 이끌기 위해 '미끼 상품'이라는 것을 내놓습니다. 인기 있는 제품을 몇 가지 선정하여 경쟁 업체보다 매우 낮게 판매하는 방식입니다. 소비자는 저렴한 제품 때문에 마트를 방문하지만, 이왕 방문했으니 쇼핑의 효율성을 위해서라도 다른 제품들을 추가로 구매합니다. 마트는 미끼 상품으로는 충분한 이윤을 남길 수 없지만 다른 제품들을 판매할 때 이윤이 생기므로 그 빈틈을 메웁니다.

가끔 저렴한 제품을 찾아 집에서 멀리 떨어진 곳으로 장을 보러 다니는 분들이 있어요. 사과를 사러 이마트로, 생선을 사러 하나로마트로, 이렇게 두 곳 이상 마트 여행을 하는 거지요. 그런데 과연 이런 쇼핑 여행이 합리적일까요? 쇼핑을 할 때 잘 생각하지 못하는 게 쇼핑에 투여되는 비용입니다. 쇼핑의 총비용에는 제품의 가격뿐 아니라 마트 방문에 들어가는 교통비, 시간, 노력 등이 포함되어야 합니다. 여기저기 다니면서 물건을 싸게 샀다고 즐겁게 생각할 것만은 아닙니다. 극단적인 예로, 계란 한 판을 100원 저렴하게 사기 위해 교통비 1,000원을 낭비하는 경우가 생기지요. 원하는 이익보다 버리는 비용이 더 많게 되는 것입니다. 여기저기 힘들게 다니면서 교통비와 시간을 낭비하는 것보다는 한 곳에서 필요한 제품을 구매하는 원스톱쇼핑one stop shopping이 결과적으로 더 경제적일 수 있습니다.

서민 코스프레는
이제 그만

최근 경향신문과 현대리서치가 진행한 여론조사 결과를 보면, 국민 10명 중 6명 정도가 자신을 서민층이라고 생각한다고 답했습니다. 중산층이라고 답한 비율은 고작 20.6퍼센트에 불과했습니다. 이는 실제 그렇다는 것이 아니라 사람들이 그렇게 '생각'한다는 것입니다. 우리나라 경제가 그만큼 어렵다는 의미겠지요. 그러나 저는 조금 다르게 봅니다.

실제 소득 수준을 고려하여 가구를 나누었을 때 우리나라의 중산층은 전체 국민의 67퍼센트가 넘습니다. 경제가 좋지 않았던 과거에도 이와 유사한 조사를 했는데 당시 자신을 중산층이라고 답한 국민은 전체 응답자의 70퍼센트였습니다. 그렇다면 유사한 경제 상황에서 왜 국민들은 자신을 '중산층'이라고 정의하기도 하고 '서민'이라고 생각하기도 하는 걸까요? 경제 문제보다는 소비의 구조 문제라고 볼 수 있습니다. 몇 년 전 300만 원의 생활비 중 의류비로 지출되

는 부분이 평균 20만 원도 되지 않았다면 지금은 열 배가 넘는 200만 원 이상 또는 전체 생활비를 넘는 비용이 의류비로 지출되고 있습니다. 정말 생활이 어려운 서민이 고가의 유명 브랜드 옷을 입고, 아이들에게 몇 십만 원짜리 점퍼를 사 줄 수 있을까요?

최근에는 가계 지출 및 소비 구조가 대부분 '보여 주기' 또는 '따라 하기' 중심으로 움직이고 있습니다. 그러다 보니 주식비, 부식비 등 생활에 필요한 것을 최대한 아끼고, 과시용 구매에 더 많은 비용을 지출합니다. 일례로 이제는 커피 한 잔에 4천 원, 5천 원이 기본입니다. 이제는 책가방 하나도 10만 원이나 되는 큰돈을 주고 사지요. 물가가 높아졌으니 물건 값이 비싼 것 아니냐고 반문할 친구도 있을지 모르지만, 물가상승과는 관련이 적습니다. 실제로는 저가에서 고가까지 선택할 수 있는 대안들이 많이 있거든요. 커피만 해도 더 저렴하게 마실 데가 있습니다. 그런데도 스타벅스나 커피빈처럼 꼭 비싼 커피를 마시는 사람들이 많지요. 가방도 저렴한 것부터 고가까지 선택의 폭이 넓습니다.

대학생들이 생활이 어렵다고들 하는데 실제 그들의 생활을 지켜보고 있는 저는 가끔 정말 그런가 의구심이 듭니다. 5천 원 하는 커피를 아무렇지 않게 사 마셔요. 바로 옆에 한 잔에 2천 원 하는 데가 있는데도 말이지요. 그래 놓고 책을 사야 하는 신학기가 되면 책 살 돈이 충분하지 않다면서 나는 돈이 없다, 환경이 궁핍하다고 한탄합니다. 나아가 나를 다른 친구들과 비교하면서 왜 나는 남들이 누리는 만큼 누리지 못하는지 상대적 박탈감을 느끼고, 이 문제를 자신의 소비 때문이 아닌 사회 탓이라 규정합니다.

여러분네 집은 안 그런가요? 여러분이 원하는 몇 십만 원짜리 코트나 점퍼를 구매하기 위해서는 다른 것들을 희생해야 합니다. 식비와 같이 기본 생활비를 줄여야 하지요. 생활이 많이 불편해집니다. 이것도 없고 저것도 부족하지요. 집에 유명 고가 브랜드의 제품이 늘어나지만 생활의 질은 점점 떨어집니다. 그러니 서민이라고 생각할 수밖에요.

물론 여러분의 경제 환경이 넉넉하지 않은 것은 정말로 나라 경제, 가정 경제가 어려워서일 수도 있습니다. 그러나 곰곰이 생각해봅시다. 혹시 우리의 소비가 합리적인 범위를 넘어섰기 때문은 아닐까요?

소비할 때
마음이 불편하다면

　사람들은 사회적으로 용인되는 소비를 하고 싶어 합니다. 가끔 분수에 맞지 않거나 불필요한 소비를 하고 싶을 때는 분명 내 용돈으로 내가 사고 싶은 것을 사는데도 부모님이나 친구들, 옆사람의 눈치를 보게 되지요. 생활에 직결되는 제품이 아니라 즐거운 감정을 가져다준다거나 하는, 눈에 보이지 않는 제품을 구입할 때 주로 그런 현상이 나타납니다. 예를 들어 커피빈의 캐러멜 마끼아또를 구입한다고 합시다. 커피 한 잔에 5,000원이 넘다니! 그 큰돈을 주고 커피를 사 마셨다는 것을 엄마가 알면 어떤 반응을 보일까? 낭비라는 생각에 괜히 찔려 하지요.

　주변인으로부터 인정받기 어려운 소비라고 느끼면, 특정 사건을 계기로 하여 자신의 소비를 정당화 또는 합리화하려는 경향이 사람에겐 있습니다. 이것을 '허용효과'라고 합니다.

　여기, 여러분이 사고 싶은 값비싼 청바지가 있다고 해요. 평소보

다는 시험에서 좋은 성적을 거뒀을 때 합리화를 하기 좋지요. 힘들
게 공부해서 좋은 성적을 거뒀으니 나는 고가의 청바지를 입을 가
치가 있다고 자신에게 말하는 겁니다. 합리화에 꼭 성공이나 성취가
필요한 건 아닙니다. 나는 오늘 힘드니까, 이제까지 힘들게 공부했
으니까 이 정도 커피는 사 마셔도 된다고 생각하기도 하지요. 그래
서 만약 봉사활동을 열심히 한 뒤라면 만 원으로 자기계발서보다는
잡지나 만화책을 살 확률이 높습니다. 잡지 등은 일반적으로 불필요
한 소비라 여겨 아무 이유 없이 구매하면 마음이 불편할 수 있지만,
봉사활동 이후라면 나의 희생이 그 부담의 무게를 줄여 주기 때문입
니다.

구매의 이유를 자기 자신에게서 찾을 수도 있지만, 타인이나 기업
으로부터 찾아내기도 합니다. 최근 제 연구실에서 실험을 하나 했습
니다. 소비자들에게 만 원으로 잡지나 자기계발서 중 어느 것을 구
매할 것인지 물었습니다. 많은 수가 잡지보다는 자기계발서를 사겠
다고 응답했어요. 그다음에는 잡지와 자기계발서를 출판하는 출판
사가 수익의 일부로 불우이웃을 돕겠다고 한 사실을 알려 주고 다시
물었습니다. 결과가 어땠을까요? 소비자들의 선택에 변화가 생겼습
니다. 잡지를 선택하는 사람들이 많아진 것이지요. 기업의 사회 기
여가 잡지를 선택하는 데 있어 합리화의 이유로 작용한 것이었습니
다. 기업이 사회봉사를 대신하는 것도 소비를 정당화하는 데 중요한
이유가 됩니다.

이처럼 사람은 죄책감을 느낄 수 있는 소비에 대해서는 소비를 정당화할 수 있는 이유를 찾게 됩니다. 반대로 어떤 제품을 구매할 때 그 제품을 구매하는 이유를 정당화하려고 노력한다면 그건 그 소비에 문제가 있다는 것을 본인이 자각하고 있다는 뜻이 됩니다. 그러니 정당화할 수 있는 여러 이유를 찾고 싶다면 그전에 왜 마음이 불편한지, 왜 망설이게 되는지 차근차근 생각해 보고, 정말 필요한 소비인지 판단할 필요가 있습니다.

소비자를
고발한다!

KBS의 〈소비자고발〉이나 MBC의 〈불만제로〉 등은 소비자 입장에서 겪는 여러 가지 불공정하거나 불합리한 사례들을 밝혀 기업과 사회를 변화시키는 시사교양 프로그램입니다. 프로그램을 통해 기업들의 부끄러운 행태를 접할 때마다 왜 저렇게 사기 행각을 벌이는 걸까 매우 안타깝기도 했으나, 또 한편으로는 그에 못지않은 소비자들의 몰지각한 행동들을 떠올리기도 했습니다.

기업은 강자고 소비자는 약자라는 고정관념은 잘못된 것입니다. 이상하게도 우리나라의 소비자들은 기업에 대한 일종의 피해의식을 가지고 있습니다. 아마도 과거 소비자에게 선택의 자유가 많지 않았던 시절, 주어지는 제품 안에서만 제한적으로 의사 결정을 해야 했기 때문일 것입니다. 경제성장에만 열을 올리던 시절에는 소비자의 목소리나 요구들이 무시되기 일쑤였습니다. 기업의 횡포가 심했고, 소비자들은 기업들이 제공하는 제품이나 서비스를 울며 겨자 먹기로 구매해야 했지요. 그러나 이제는 상황이 달라졌습니다. 유사한 제품과 서비스를 제공하는 기업들이 서로 경쟁하면서부터 그들은 소비자들에게 선택받는 것이 무엇보다 중요해졌지요. 기업은 이제 소비자의 한마디 한마디에 그 미래가 좌지우지되고 있습니다.

이 점을 이용해 기업을 속이고 이득을 취하는 사람들이 종종 있습니다. 이런 사람들을 일컬어 '블랙컨슈머'라고 하는데요, 악덕 소비자들 때문에 겪는 기업들의 고충도 이만저만이 아니라고 합니다. 최근 빕스에서 있었던 얘기를 들었습니다. 어느 날 젊은 부부가 아기 돌잔치를 하고 난 후 돌잔치에 온 손님들에게 비닐봉지를 하나씩 나누어 주면서 음식을 마음껏 넣어 가라고 했답니다. 뷔페에서는 음식을 식당 밖으로 가지고 나갈 수 없는데도 대부분의 돌잔치 손님들은 음식을 봉지에 담아서 자리를 떴습니다. 그럼에도 빕스 관리자는 돌잔치의 흥을 깰까 봐 그 고객의 행동을 제재할 수 없었다고 합니다.

소비자에게도 기본적으로 지켜야 하는 예의라는 것이 있습니다. 기업에게만 윤리가 필요한 게 아니지요. 이 부부와 손님들은 '소비자'로서 자격이 없는 것입니다. 제품을 마음껏 사용하고 막무가내로 반품을 요청하는 사람들도 마찬가지입니다. 입소문이 두려운 기업은 오히려 약자가 되어 이런 막무가내 요청을 받아 주어야 합니다. 개그콘서트의 '정여사'는 이런 몰지각한 소비자를 풍자한 코너라고 할 수 있습니다.

우리는 항상 기업에게 윤리와 도덕을 요구하고 있지만, 소비자의 의무와 책임에 대해서는 잘 생각하지 못합니다. 소비자의 권익은 무한한 것이 아닙니다. 제품을 만들고 판매하는 기업은 제품에 대한 책임을 다해야 하고, 소비자는 제품을 구입하고 사용하는 데에 대한 정당한 대가를 지불해야 합니다.

CHAPTER 7

합리적 소비자에서
위대한 소비자로

66

우리의 소비는 매우 자기중심적으로 이루어지고 있다. 내 돈으로 내가
원하는 걸 사면 그만 아닌가? 하면서. 하지만 나의 소비생활이 누군가
를 곤경에 처하게 하고, 자연을 파괴하고, 사회를 병들게 하고 있다면?
공정무역, 의류쓰레기, 친사회적 소비자 등을 키워드 삼아 합리적 소비
자에서 위대한 소비자로 나아가는 방향을 모색한다.

99

욕구와 욕심의
경계에서

18세기 프랑스에 드니 디드로 Denis Diderot 라는 가난한 철학자가 있었습니다. 어느 날 그는 지인에게서 멋진 스칼렛색 가운을 선물받았습니다. 그런데 가운을 입고 서재에 앉아 있자니 책상이 매우 초라해 보였습니다. 그는 가운과 어울리는 멋진 책상을 구입했습니다. 그런데 이번에는 새로 산 책상과 밀짚으로 만든 의자가 서로 어울리지 않네요. 해서, 가죽 의자를 새로 구입했습니다. 그러고 나니 창문 커튼이 자꾸 눈에 거슬립니다. 결국 그는 서재의 모든 것을 바꾸었고, 큰 빚을 지고 말았습니다. 멋진 가운으로 인해 인생이 회색빛으로 변했습니다.

디드로 효과 diderot effect 는 이 일화에서 유래한 용어입니다. 하나의 제품을 구입한 다음에는 구색을 맞추기 위해 다른 제품들을 연속적으로 구입하는 현상을 말하지요. 디드로 효과는 우리의 일상에서 많이 관찰됩니다. 최신식 스마트폰을 구입하면 스마트폰을 돋보이게 하는 블링블링한 케이스를 사고 싶죠. 그뿐인가요, 이어폰, 작은 키보드, 오디오까지 다양한 연관 제품들이 필요하다고 느끼게 됩니다. 제품 하나에 대한 소비가 또 다른 제품의 소비로 자연스럽게 이어집니다.

이처럼 인간에게는 새로운 것을 추구하려는 욕구가 있습니다. 원하는 것을 충족시키는 과정에서 또 다른 것에 대한 욕구가 생겨나는 것이지요. 좋게 말하면 '욕구', 나쁘게 말하면 '욕심'입니다. 새로운 것을 추구하려는 욕구는 인간을 발전하게 하는 원동력이 되기도 하지만, 지나치면 '욕심'이 되어 현재 상태에 만족하지 못하고 끊임없이 결핍을 느끼게 만듭니다. 행복은 딴 세상 얘기이고, 왜 나는 항상 부족한가, 왜 나는 이 정도밖에 못 가지고 있는가 하며 늘 강한 불만을 갖게 됩니다. 문제는 자신의 욕심을 탓하는 게 아니라 그것을 충족시켜 주지 못하는 부모님 탓, 더 나아가 사회의 탓으로 돌린다는 것이지요.

그러면 욕구와 욕심은 어떻게 구별할 수 있을까요? 여러분의 경우 경제력이 전혀 없기 때문에, 모든 소비는 부모님께 의지하고 있을 겁니다. 살지 말지는 내가 결정한다 해도 실제 돈을 내는 사람은 부모님이지요. 부모님이 사 주시지 않으면 아무 소용이 없습니다. 욕구와 욕심의 경계선은 바로 부모님의 주머니 사정을 넘어서느냐 넘어서지 않느냐에 있습니다. 내 친구는 부모 잘 만나서 누구나 알아주는 브랜드로 온몸을 휘감고 학교에 나타나는데, 나는 왜 가난한 부모 만나서 후진(?) 점퍼며 신발을 걸쳐야 하는지 불만스러울 수 있습니다. 구식 같은 얘기라 해도 할 수 없는데, 부모를 결정하는 것은 나 자신이 아닙니다. 이미 타고난 것은 내 힘으로 바꿀 수가 없어요. 바꿀 수 없다면 지금의 경제 상황을 인정해야 합니다.

대신 여러분은 '욕심'을 '욕구'로 바꿀 수 있습니다. 소비 능력을 키우면 됩니다. 소비 능력을 갖추면 기업이나 판매자에게 휘둘리지 않을 수 있고요, 조그만 마케팅 자극에도 민감하게 반응하지 않을 수 있습니다. 욕심으로 넘어갈 여지가 그만큼 줄어들지요.

그러면 소비 능력은 어떻게 키우는가? 소비 방법에 대한 지식과 경제력, 이 두 가지를 키우면 됩니다. 쉽게 말해서, 어떻게 소비하는 것이 현명한지 알아야 하고, 돈이 있어야 합니다.

먼저 현명한 소비를 위해 무엇을 알아야 할까요? 제품을 파는 기업과 제품을 사는 여러분 자신 소비자 에 대해서 알아야 하지요. 최근 신문 기사나 칼럼에서 기업의 다양한 마케팅 활동에 대해 이야기하는 걸 자주 보았습니다. 거기에서 도움을 받을 수도 있고요, 여러분이 지금 이 책을 읽는 것도 지식을 쌓는 방법이 되지요. 기업과 그들의 마케팅 활동을 이해하고 소비자 의식을 점검하는 동안, 소비 판단 능력이 생기니까요. 거기에 더해 어떤 기업이 좋은 기업인지 지속적으로 생각해 보아야 합니다. 그들의 마케팅 활동을 기준으로 해서 옳고 그름을 판단할 수 있겠지요. 앞서 언급한 포인트 제도만 해도, 애써 적립한 포인트를 유명무실하게 만드는 업체에 대해서는 마음의 문을 닫아도 되겠지요.

다음으로, 경제력을 갖추어야 합니다. 아무리 많이 알아도 돈이 없다면 소비를 할 수가 없습니다. 열심히 공부해서 원하는 대학에 들어가고 원하는 데 취업해서 차근차근 경제력을 쌓을 수도 있을 것이고, 고등학교 졸업 후 적성을 살려 바로 취업 전선에 뛰어들 수도 있겠지요. 경제력이 생기면 내가 원하는 걸 스스로 책임질 수 있습니다. 그러나 지금은 안타깝게도 경제력을 갖출 수 없는 시기입니다. 단지 지식만 쌓을 수 있는 시기지요.

그러니 합리적인 소비를 해야 합니다. 자신에게 주어진 경제적 범위 안에서 심사숙고한 끝에 필요하다고 판단한 제품을 구매해야 한다는 뜻입니다. 여러분의 자원인 용돈을 어떻게 아껴서 쓸 것인가를 고민해야 한다는 뜻이기도 하고요. 현재로서는 불필요한 지출을 줄여 꼭 필요한 것을 사거나 소비할 때 발생하는 포인트, 마일리지 같은 작은 경제적 자원을 잘 활용하는 것이 여러분이 할 수 있는 가장 손쉽고도 현명한 방법입니다.

자신의 경제적 범위를 넘어서는 소비는 욕심이요, 허세적 소비임을 꼭 기억했으면 좋겠네요.

소비도
가르칩시다

어른들은 결혼을 기점으로 소비 양상이 판이하게 달라집니다. 여러분의 부모님도 결혼 전에는 번 돈을 자기를 위해, 자신이 쓰고 싶은 데에 마음껏 사용했을 거예요. 하지만 결혼을 하면서부터는 모든 소비가 부부 또는 가족 중심으로 바뀌게 됩니다. 자녀가 태어나면 자신을 위한 소비는 사라지고 모든 소비가 자녀에게 집중되지요.

최근에는 한 자녀 가정이 늘면서 자녀를 위한 지출이 더 많아졌습니다. 나는 못 입고 못 먹더라도 내 자식은 최고로 키우겠다는 사명 의식까지 생겼을 정도이지요.

10만 원이 넘는 게임기를 사 주거나, 80만 원 하는 스마트폰, 태블릿 PC 등 자녀가 원하는 것은 무엇이든 채워 주려고 노력합니다. 그러는 동안 자식 세대는 물질만

능주의에 물듭니다. 이런 소비 트렌드가 최근에는 유아로까지 옮겨 가고 있어 참 안타깝습니다. 고가의 유모차, 의류, 기저귀, 이유식, 분유 등 소비의 대부분이 최고의 양육을 위해 집중되고 있지요.

따라서 사실 10대들의 소비에 문제가 있다면 그것은 대체적으로 부모에게 책임이 있다고 보아야 합니다. 요즘 부모들은 무엇이 현명 하고 합리적인 소비인가에 대해 교육하기보다는 또래 그룹에서 소 외당하지는 않을까 우려하여 자식이 원하는 것을 맹목적으로 사 줍 니다. 그 결과 10대들은 분수에 맞지 않는 제품들을 소비하는 경우 가 많아졌습니다.

10대들이 대부분 시간을 보내는 학교에서도 과도한 소비에 대해 문제제기를 하거나 지도하지 않습니다. 브랜드 옷 때문에 위계 구조 가 생겨도 속수무책이지요. 대학은 세계적인 기준에 맞추어 치열하 게 경쟁하고 진보하고 있는데 초등학교, 중학교, 고등학교는 여전히 과거 획일적인 교육 방식을 고수하고 있습니다. 초등학교 6학년 딸 을 둔 제가 학부모로서 바라본 초등학교는 30년 전 제가 겪었던 초 등학교와 하나도 달라진 것이 없습니다. 기술의 발달과 더불어 세상 은 엄청난 속도로 변화하고 있는데 학교는 시간을 거슬러 과거에 머 물러 있습니다. 고등학교의 교육은 대학이 지향하는 혁신적·창의적 인재상과는 다른 암기형·문제풀이형 중심의 수동적 인재를 양성하 고 있습니다. 관심은 오로지 성적뿐이고 얼마나 많은 학생들을 상위 대학에 보내느냐는 것뿐이지요.

부모들의 편향된 소비 성향과 학교의 무관심 속에서 우리 청소년들은 합리적 소비가 무엇이고, 경제생활을 어떻게 해야 하는지 배울 기회를 박탈당하고 있습니다. 오직 TV에서 보이는 대로 유명 연예인들의 '설정된' 소비에 자극을 받아, 무엇이 현실이고 무엇이 이상인지 구분하지 못한 채 그들이 사용하고 있다고 생각되는 제품들을 맹목적으로 소비하려 합니다.

　그렇다고 모든 걸 어른들의 책임으로 떠넘기고 과소비를 하는 것은 열린 무덤 속으로 덤덤히 걸어 들어가는 것과 같습니다. 기본적인 생활을 희생하고, 다른 사람을 지나치게 의식하는 소비는 공허함을 남깁니다. 예쁘다, 멋있다는 찬사는 들을 수 있겠지만 정작 내 뱃속에서는 꼬르륵 소리가 나겠지요. 소비는 자신이 누리는 생활의 질을 결정하고 앞으로의 나를 만듭니다. 여러분이라도 부지런히 소비 능력을 쌓아서 우리 사회의 안타까운 흐름을 바꾸어 달라고 한다면 지나친 욕심일까요?

비계획적 구매도
잘 쓰면 약

우리는 '충동구매'란 용어에 부정적으로 반응합니다. '충동'이라는 단어의 이미지 때문이지요. 왠지 '충동'이라는 단어를 들으면 심사숙고하지 않은 비계획적인 행동이라고 생각하게 됩니다. 실제 많은 이들이 충동구매과 비계획적 구매를 혼동하여 사용하는데, 이 두 가지는 구매 형태가 좀 다릅니다.

충동구매는 자신의 행동을 제어하지 못하고 갑작스럽게 제품을 구입하는 것을 의미합니다. 어떤 유혹에 의해 자의든 타의든 필요가 없는 제품을 즉각적으로 구매했다면 그것은 충동구매입니다. 집에 돌아와 정신을 차리고 나면 불필요한 제품에 너무 많은 값을 치렀다는 생각이 들어 후회를 하지요. 자책하기도 하고, 가능하다면 반품하기도 합니다.

비계획적 구매는 충동구매를 포함하는 보다 광범위한 개념입니다. 말 그대로 미리 계획하지 않은 상태에서 제품을 구입하는 것을 의미합니다. 사려고 마음먹었던 품목들 외에 필요했던 제품이 갑자기 생각나거나, 예전에 사고 싶었으나 너무 비싸서 구입하지 못했던 제품을 싸게 팔 때 구입하는 상황 모두를 포함합니다.

비계획적 구매가 꼭 나쁜 것만은 아닙니다. 생각해 보면 다변화된 쇼핑 환경 속에서 늘 계획한 대로 구매하기란 현실적으로 어렵습니다. 내가 원하는 제품이 내가 원하는 가격대에 판매되지 않을 수도 있고, 미리 계획했던 제품이 품절되었을 수도 있습니다. 또한 매장을 돌아다니다 보면, 미리 생각해 두었던 제품보다 더 좋은 제품이 나타나기도 합니다. 쇼핑 전에 구매 계획을 세우거나 구체적인 구매 리스트를 작성하는 것은 필요한 제품을 잊지 않고 제때 구매하는 데는 도움이 될 수 있지만, 경제적 쇼핑을 방해하기도 합니다. 당장 쓸 물건이 아니라고 해서 좋은 조건인데도 구매하지 않았다가 정작 필요할 때 정가를 다 주고 구매한 경험이 어른들은 꽤 됩니다.

매일 매일 사용하는 소모품의 경우는 할인할 때 미리 사 놓는 것도 나쁘지 않습니다. 구매 계획에 없었더라도요. 유행을 타지 않고 유통기한과 관련이 없는 문구, 샴푸, 신발, 양말 등이 여기에 해당하겠지요. 가격이 저렴하다고 하여 필요하지 않은데도 구매하라는 건 아닙니다. 가격과 필요성을 잘 따져 봐야 하지요.

쇼핑은 어쩌면 '시간'과의 싸움입니다. 기다리면 기다릴수록 지출을 줄일 수 있습니다. 사람처럼 제품도 수명이라는 것을 가지고 있

습니다. 각 제품, 각 종류대로 태어나서 죽을 때까지의 기간이 다르지요. 어떤 제품은 태어나서 6개월 안에 죽는 경우가 있고, 어떤 제품은 1년을 살기도 하고, 또 어떤 제품은 100년 동안 장수를 누리기도 합니다.

특히 패션의 가치는 유행과 관련이 있어 시간에 민감합니다. 유행이 끝나 가면 그 가치는 떨어집니다. 계절이 바뀔 때도 그렇고요. 기업 입장에서는 가치가 떨어진 제품들을 다음 해까지 창고에 쌓아 두면 창고 관리비다 뭐다 해서 추가로 비용을 부담해야 합니다. 어떠한 방식으로든 그 해에 팔아 치우는 것이 손해를 적게 보는 거지요.

남은 제품들, 즉 재고를 처리하는 방식은 회사마다 다릅니다. 매장에서 세일, 가격 인하, 시즌 오프, 재고 정리 등 다양한 명목으로 제품을 소진하는 데도 있고 '패션 플러스', '하프닷컴'과 같은 인터넷

쇼핑몰이나 '마리오', '2001' 같은 아울렛을 통해 저렴하게 판매하는 회사도 있지요. 최근에는 '패밀리 세일'이라는 이름으로 재고를 처리하는 경우도 많습니다. 따라서 제철에 해당하는 제품을 구입하는 것보다는 상반된 계절이나 계절이 끝나 갈 때 구매하는 것이 조금 저렴합니다. 지금 매우 마음에 드는 옷이 있다면 기다려 보세요. 시즌이 끝날 무렵 그 제품이 모두 팔리지 않았다면 가격을 인하할 겁니다. 현명한 쇼핑을 하기 위해서는 기다림의 미학이 필요합니다.

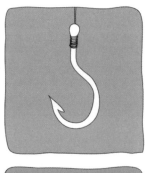

자꾸 입질이 올 때

충동구매는 아닐까?
지금이 최적기일까?

물음표 던지는 습관

나는 친사회적
소비자인가

　공정무역 초콜릿을 사 본 적이 있나요? 공정무역이란 모든 이들이 동등한 대우를 받으며 제품을 생산하고 거래하는 것을 의미합니다. 공정무역의 역사는 90년대로 거슬러 올라갑니다. 당시 세계적으로 많은 기업들이 시장에 다양한 제품들을 내놓으면서 치열한 경쟁을 벌이기 시작했습니다. 그런데 기술이 발달하면서 기업 간 품질 차가 없어졌지요. 삼성전자나 LG전자나 TV 성능에 차이가 없어진 겁니다. 소비자들은 비슷한 제품이라면 좀 더 저렴한 제품을 구입하기 원했습니다.

　기업들은 소비자들에게 선택받기 위해서 제품 가격을 낮추어야 했습니다. 생산 공장들을 저개발국가로 옮기기 시작했지요. 미국에서는 임금으로 시간당 1,000원을 지불해야 했다면, 저개발국가에서는 30원 정도만 지불하면 되었으니까요. 사람의 손에 전적으로 의지하여 생산하는 의류 제품의 경우 더욱더 저개발국가의 노동력이 필요했습니다. 나이키도 80년대 이후 가격 싸움에서 이기기 위해 베트남이나 중국에서 제품을 생산하게 됩니다.

그런데 문제가 생겼습니다. 미국 기업들이 저개발국가 노동자들의 인권을 심각하게 침해했던 겁니다. 베트남 운동화 공장에서는 운동화 고무에 본드칠을 하는 과정에서 착용해야 할 마스크나 안전장치를 제공하지 않아 노동자들의 호흡기 건강에 문제가 생겼고, 과테말라 의류 공장에서는 여성 노동자들에게 적당한 휴식 시간 또는 식사 시간을 주지 않거나, 임신을 하지 못하도록 강제로 피임주사를 맞게 했습니다. 임금을 제대로 지급하지 않은 일도 비일비재했습니다. 화장실도 못 가게 화장실 문을 잠근다거나, 자발적으로 외부에 나가는 걸 막기 위해 출입문을 폐쇄하기도 하였습니다. 심지어 6살 꼬마까지 재봉질에 동원이 되었지요. 저렴한 비용은 많은 기업들이 저개발국가의 노동력을 착취한 결과물이었던 것입니다.

미국의 소비자단체들은 이러한 사실에 분개하고 해당 기업 제품에 대해 불매운동을 펼쳤습니다. 갭GAP이나 나이키NIKE 등이 대표적으로 문제가 되었지요. 마침내 기업들은 저개발국가의 생산 환경을 개선하고, 노동에 대한 합당한 대우와 보상을 하기 시작했습니다. 이러한 움직임에 발맞추고 있는 것이 공정무역입니다. 저개발국가의 생산자들에게 합리적인 대가를 지불하고 그들의 노동력, 원료, 완제품 등을 구입하는 것이지요.

최근 공정무역에 대한 인식이 널리 퍼지면서 소비자들은 공정무

i need no job

STOP Child Labour
school is the best place to work

역을 통해 생산된 제품을 찾기 시작했습니다. 초콜릿을 구매하더라도 공정무역을 통해 만들어진 초콜릿을 구매하는 것을 자랑스럽게 생각합니다. 이러한 소비 생활을 윤리적 소비 또는 착한 소비라고들 하는데요, 개인적으론 특정 소비 활동을 말할 때 '윤리적 소비'라든가 '착한 소비'라는 용어를 사용하는 것이 과연 올바른가에 대해서는 의문이 듭니다. 이보다는 '친사회적 소비'라고 하는 것이 올바른 표현입니다. 개인의 필요를 충족시키기 위한 소비의 과정에서 나의 삶뿐만 아니라 타인의 삶, 더 나아가 사회를 고민한다는 뜻이지요.

우리의 소비는 많은 부분 매우 자기중심적으로 이루어지고 있습니다. 소비를 단순히 내 돈으로 내가 원하는 것을 구입하고 누리는 것으로 생각합니다. 그러나 나의 소비로 인해 타인이 어려움에 처하고, 자연이 파괴되고, 사회가 병들어 간다면, 멈춰 서서 다시 생각해 볼 필요가 있습니다. 저는 패스트 패션도 이 연장선에서 보고 싶습니다.

최근 10대들 사이에서 패스트 패션에 대한 소비가 높아지고 있습니다. 패스트 패션이란 쉽게 말해서 한 계절 입고 버리는 의류를 의미합니다. 예전에는 의류의 수명이 적어도 몇 년이었는데, 패스트 패션은 단지 한 계절을 바라봅니다. 따라서 옷을 구매할 때 얼마나 오래 입을 수 있느냐는 중요하지 않습니다. 한 시즌의 유행에 따라 그때 그때 입고 버리는 것이지요.

패스트 패션이 인기를 끌게 된 것은 우리의 소비 패턴과 밀접한

공정무역을 넘어 공정여행으로.
관광산업은 지속적으로 성장하고 있지만 그 이익은 대부분 다국적 기업의 몫. 공정여행은 한마디로 현지
인에게 혜택을 주는 여행. 현지인이 운영하는 숙소에서 자고, 현지에서 생산되는 음식을 사 먹고, 현지인
이 만든 물건을 정당한 대가를 주고 산다. 공정무역에서 따온 개념으로 착한여행, 책임여행이라고도 한다.

관계가 있습니다. 요즘 젊은 소비자들은 무엇이든 빨리 싫증을 느낍니다. 따라서 구매와 소비가 매우 역동적으로 이루어지지요. 고가의 핸드폰이나 스마트폰도 1년이나 2년 안에 새것으로 교체합니다. 비용에 구애를 받지 않습니다. 무엇을 살 것인가에 대한 결정은 내가 하지만, 지불에 대한 문제는 부모님이 해결해 주시니까요. 그러다 보니 얼마나 오래 제품을 사용할 수 있느냐는 구매를 결정하는 중요한 요인이 아닙니다.

패스트 패션이라고 하면, 신종 트렌드인 것처럼 뭔가 있어 보이나 여기엔 함정이 있습니다. H&M, 자라 Zara, 포에버21 Forever 21 등의 의류 브랜드들은 저가 전략을 내세웁니다. 2~4주에 한 번씩 새로운 디자인의 옷들을 선보입니다. 유행에 민감한 소비자들은 저가의 옷을 쉽게 사고 쉽게 버립니다. 기업은 옷이 많이 팔려 좋고, 소비자는 저렴한 가격에 다양한 옷을 입을 수 있으니 윈-윈 하는 걸까요?

안타깝게도 현재까지는 플라스틱 병이나 종이처럼 의류쓰레기를 따로 수거하여 제품 생산에 재활용하는 기업은 없습니다. 주로 불우 이웃이나 저개발국가에 기증하는 방식으로 재활용을 하지요. 일부 의류 회사는 입던 옷을 매장에 가져오면 선물을 준다거나 구매 시 할인을 해 주기도 하지만 일시적인 '보여 주기'식 행사로 그치는 경우가 대부분입니다. 그러므로 패스트 패션이라는 개념이 의류 소비의 중심이 될 때 의류쓰레기 또한 쌓여 간다는 사실도 생각해야 합니다. 옷이 쓰레기가 되고, 그것을 소각하는 과정이 우리가 살고 있는 환경에 도움이 될지를요.

이제는 제품을 현명하게 구매하는 것도 중요하지만 제품을 어떻게 버리는가에 대한 '폐기' 문제도 고민할 시점이 되었습니다. 신제품이 쏟아진다는 것은 그만큼 기존의 제품들이 폐기되어야 한다는 의미도 포함하고 있으니까요.

가만 보면 제품을 구매하기만 하고 버리지 못하는 사람들이 많습니다. 아마 여러분의 집 냉동실 문을 열어 보면 언제 샀는지 알 수 없는 고기들이 저 안쪽에 자리하고 있을 겁니다. 냉장실 캔 제품들도 유통기한을 한번 확인해 보세요. 엄마들은 사용할 수 없는 제품에 대한 폐기를 계속 유보하고 계시지요. 그러면서 마트에서 또 사들입니다. 아버지는 어떤가요. 카메라가 있지만 새로운 기능의 카메라를 또 구매합니다. 새로운 카메라를 사면 기존에 쓰던 구형 카메라는 사용하지 않는데도 버리지를 않습니다. 제품을 버리는 것에 두려움과 죄책감을 가지고 있기 때문입니다. 버리는 것에 대해서는 교육을 받은 적이 없으니까요.

우리는 현명한 구매에 대해서는 얘기를 많이 하지만, 어떻게 잘 버리고 경제적인 효익을 낼 수 있는가는 얘기하지 않습니다. 제품을 버리는 문제는 소비자뿐 아니라 기업이 함께 고민해야 할 문제지요. 쓰지 않는 제품을 어떻게 폐기하고, 어떻게 그 자원을 활용할 것인가에 대한 고민, 단순히 중국이나 제3국가에 수출하는 것 말고 폐기된 제품에 숨을 불어넣어 다시 활용할 수 있는 기술적 방법에 대한 고민을 해야 할 때입니다. 또한 소비자들이 원활하게 구형 제품을 폐기할 수 있도록 폐기에 대한 경제적 보상을 제공해 줄 수 있는 방법을 생각해야 합니다.

젊은 세대의 싫증증후군은 어찌 보면 걸그룹 '소녀시대'가
오랫동안 사랑받을 수 있었던 원동력.
좋아하는 사람을 선택할 수 있는 폭이 넓으면
그 그룹에 대한 충성도도 높아질 수 있다.
누군가를 좋아하다 말다 하는 건
크게 문제될 게 없지만 소비에 있어서는
조금 다른 관점에서 봐야하지 않을까?

エピローグ

에필로그

이제까지 마케팅과 소비에 대해 살펴보았습니다. 지금부터 여러분의 소비생활은 바로 어제의 그것과는 달라지겠지요? 아마 마트에 가서도 제품을 고를 때 제품이 가진 의미, 가격 등에 대해 여러 가지로 꼼꼼히 따져 보고 생각해 보겠지요. 이제 우리는 예전에 생각해 보지 않았던 것들에 대해서, 또는 몰라서 못했던 것들에 대해서 조금 다르게 생각할 수 있게 되었습니다. 유명 해외 브랜드의 코트나 점퍼도 더 이상 예전처럼 없으면 안 되는, 없으면 무시당하는 그런 류의 것이 아니라는 것도 알게 되었지요. 우리의 마음 여하에 따라 기업이 달라진다는 것도 꼭 기억해야 합니다.

지금 이 책을 덮고 내 주위의 물건들을 한번 둘러보세요. 내가 무엇을 샀고, 무엇을 사용하고 있는지 말입니다. 이 모든 것이 나에게 어떤 의미를 주는지, 나의 삶을 얼마나 풍족하게 만들어 주는지, 오히려 궁핍하게 만들고 있지는 않은지 생각해 보세요. 90만원 짜리 스마트폰을 구입하면서 우리 가족의 삶의 질이 높아졌는지, 엄마가 지출을 줄이기 위해 많은 것들을 희생하고 있진 않은지를요. 스마트폰으로 내가 다른 아이에게 뒤지지 않는다는 것을 보여 준다는 것 자체가 얼마나 바보 같은 일인지도 말입니다. '누가 어떤 브랜드의 어떤 제품을 가지고 있다더라. 그러면 나는?'이라는 질문도 얼마나 부질 없는 것인지 생각해 볼 수 있을 겁니다.

이제 나의 모든 소비를 원점으로 돌려 봅시다. 내 머릿속에 들어 있던 것들은 싹싹 지우고, 새롭게 알게 된 사실을 새로 넣어 줍시다. 그리고 나의 소비를 다시 시작해 봅시다. 어제와는 다른 눈을 갖게 됐으니 나도, 내 친구도, 내 가족도, 그리고 기업도 달라지겠지요?